金魚伝承 第三十三号 目次

行雲流水
自然の成り行きに任せ、魚を育む。

2017年　春の気温の不安定から始まり、猛暑

春に思うように気温が上がらない時期に始まり、酷暑の夏から台風襲来、

2017年も日本らんちう協会全国大会の第62回大会が、文化の日である11月3日に大阪府豊中市服部緑地公園ウォーターランドにて行われた。多くの見学者で展示用の洗面器が見えなくなるほどの人だかりができるのは全国大会では当たり前の光景となった。これだけ多くの人の注目を浴びる大会、それが、らんちゅう愛好家の目指す最高峰の大会として、日本らんちう協会全国大会確は固たる位置にあり続ける

2017年11月3日（文化の日）、日本らんちう協会の第62回全国品評大会が、大阪府豊中市にある服部緑地公園ウォーターランドにて開催された。第62回大会には、親魚116匹、二歳魚194匹、当歳魚は420匹の出陳があり、総出陳数は730匹と大激戦の大会となった。

2017年は、春先には夜間になかなか気温が上がらず、4月に上手く産卵させられない愛好家が多かったようであった。そして、梅雨明けと同時に猛暑となり、世話をする側の人間が参ってしまうほどの暑さの中での魚作りは、過酷そのものとなってきている。そして、ようやく猛暑が収まり始めた9月以降は長雨、そして台風18号、21号、22号の影響があり、各地で品評大会の中止、延期が相次いだ。秋に台風が来るのは例年のことなのだが、品評大会がここまで延期、中止となった年は、『金魚伝承』を刊行して以来17年間で初めてのことであった。日照不足、長雨は10月下旬まで続き、10月に入ると、「11月並みの気温」と天気予報で何回も聞くほど気温が下がり、「秋らしい気候がなくなった」と感じた人が多い年であった。

そういった気候が不安定な年となり、全国各地の大会の魚のレベルは例年より良くなかった印象を持っていた。特に昨年、治療の難しい病気が流行してしまった年となった影響から親魚、二歳魚は各地の大会で良い魚が少なかった年となり、特に親魚は役魚16匹の出品数に届かなかった大会も見られた。やはり、親魚が再び揃うまでは、今年の当歳魚が育つ、二年後のことになりそうである。

11月3日、各地方大会では見事な当歳魚が多く見られた大会はそう多くはなかったのだが、流石に日らんともなると、ズラリと良い魚が出陳されてきた。420匹の出陳魚のうち、

台風の気候下の一年

そしていきなり初冬のような気温不順の一年…

第62回日本らんちう協会全国品評大会　当歳魚観覧風景。やはり花形の当歳魚の部では、多くの出陳者、見学者が洗面器周りを埋め尽くす

第62回日本らんちう協会全国品評大会　当歳魚受付風景

第62回日本らんちう協会全国品評大会の会場の準備が終わった風景

第62回日本らんちう協会全国品評大会撤収時。陽はすでに西に大きく傾き、熾烈な戦いが行われたウォーターランドに静寂というか、何とも言えない空気が流れる時である

西部本部所属会員の出陳数が251匹を数え、やはり当番本部が西部本部の場合、会場まで持ってくる交通手段が多様になるので、それだけ多くの出陳数になるのだと再確認した。

日らんの当歳魚の部は入賞洗面器数が役魚16枚、東西前頭三十枚目までの60枚、計76匹だけが入賞するという狭き門である。「何故？らんちゅうを飼うか？」と言えば、目指すところに日本一があるからだと言える。厳しい暑さの中でも水換えを頑張れるのだし、餌やりにも力が入るのである。ただ、420匹という出陳魚のうち、350匹弱の素晴らしい当歳魚は誰の目にも触れずに出陳者が持ち帰らなければならないのである。誰もが日本一を目標にするのだが、だからと言って、素晴らしい魚が誰の目に触れることもなく持ち帰られるのであれば、地方の大会で上位入賞する方を優先してもらいたいとも思うのだが…この部分はなかなか難しいところである。

今ほど「日らん偏重」が強まったことはないかもしれないほど、日本中のらんちゅう飼育者が全国大会での入賞を目指しているのだが、各地方の愛好会の大会も大切なものなのである。日らんで溜めに落ちるより、地方大会での役魚の方が価値があるのである。各地方大会でもっともっと素晴らしい魚を見ることが出来るように戻ることを期待したい。

2017年に感じたもう一つのことは、「なんとなくフワッと始まり、盛り上がりに欠けるまま11月3日を迎えた雰囲気」を個人的には感じていた。一昨年よりブラインシュリンプエッグや冷凍アカムシなどが値上がりした影響がジワジワ来ているというか、「さぁ！今年もやるぞ！」という雰囲気を削ぐものがあったのだが、らんちゅうの仔引き、当歳魚の世話に気持ちが入らない愛好家が少なくなかったように感じら

第19回倉敷栄蘭会品評大会記念集合写真
今年も品評会の熱い戦いが始まった。多くのらんちゅう愛好家が集う岡山県下で最初に行われる大会がこの倉敷栄蘭会の大会である。今年の大会は本当に暑い日での大会となった

倉敷栄蘭会品評大会　観覧風景

倉敷栄蘭会品評大会　出品魚収容池。さすがに岡山県下での品評大会、多くの出品魚が集まってくる

楽友らんちう会品評大会　会長である矢ヶ崎さんの出品時

楽友らんちう会品評大会会場風景

第81回楽友らんちう会品評大会記念集合写真
昨年までは9月第四日曜日に開催されていた楽友らんちう会の品評大会であったが、2017年より開催日を変更されての開催となった。東部本部で最も早い品評大会となった

れた。趣味の世界なので、誰から強制されるものではなく、個人的に楽しむものなのだが、やはり自分の所属する愛好会に参加すること、魚を持参して楽しむことを一人一人がもう少し大切にする気持ちを持つことが、今後のらんちゅう界の発展のためには、不可欠なのであると思っている。

今年は、「自分の所属会の行事に魚を持って参加する」ことを多くの人に実践して頂きたいと思う。

8月27日　第19回倉敷栄蘭会品評大会

今年も品評会撮影がこの日から始まった。自分が品評会の撮影を始めるのが、この倉敷栄蘭会の大会からである。今年で栄蘭会の撮影をするのは7年目となった。今年から栄蘭会は会報を発刊された。写真で少しはお役に立てたのだが、やはり愛好会にとって、会報は愛好会の"顔"になる。ただ、会報は印刷代がかかるため、愛好会の経費の中で大きな負担になるため、なかなか実現出来ない愛好会も少なくない。栄蘭会の会長、会員の方々の賛同があって会報が出来上がったことをお祝い申し上げたい。

岡山県は全国のらんちゅう愛好家から注目される場所で、その岡山県の品評大会の口火を切るのが栄蘭会の大会である。品評会撮影のため前日入りしたのだが、岡山の夜が意外に涼しく、「これなら、明日は酷暑は避けられるかも！？」と思いながら早めに寝た。しかし、当日、起きるとありがた過ぎるほどの晴天、予想最高気温33℃、体感気温は午前11時の段階で35℃という感じであった。

審査は田中佳昌、草柳英樹両氏！お二人とも総本部審査員を務められており、スムーズに審査が進んだ。すぐにカメラを出して撮影開始！だが、下向きにカメラを構えるとどうしても後頭部に直射日光を感じるため、数匹撮っては休み、また数匹撮っては休み…の繰り返し、水温が高めなため、当歳魚は泳ぐ泳ぐ…なんとか三部門全ての役魚48匹を撮影して、今年最初の大会撮影を終えることが出来た。

8月27日　楽友らんちう会第81回品評大会

私にとっては、今シーズン初の品評会取材である。やはりスタートはすっきりとした天気の元でとの想いで、週間天気予報をチェックする日々であった。実際、今シーズンはその後雨に祟られることが多かったのであった。

数日前に少々雨っぽい予報もあったものの、この日は雨なしの曇り。しかも暑さも少し収まるとの前日予報に胸を撫で

第22回日蘭佐賀品評大会　記念集合写真　今年は久々に九州開催の品評大会にお邪魔させて頂いた。多くの著名ならんちゅう師が存在する九州、3部門全部で見応えのある魚が入賞していた

日蘭佐賀品評大会　開催前の展示会場風景

日蘭佐賀品評大会　観覧風景

山梨錦城会品評大会　観覧風景

山梨錦城会品評大会　会場外観

第67回山梨錦城会品評大会　記念集合写真　小山徹志氏という若い会長の愛好会だが、年々、集う人の数が増えてきていることは喜ばしいことである

下ろしたものだった。昨年80回の記念大会を行った楽友らんちう会、住宅街の中にある閑静な堀切氷川神社で行われ、落ち着いて観覧できる雰囲気に満ちた会場である。今年から当歳は大小二部門に分けて行われることになり、出品時の大小分けから楽しげなやりとりがされていた。品評会としては早い8月終わりという時期なこともあり、小の部のおかげで気兼ねなく魚を持ってこられるという事もあったようだ。

審査はまずは親魚から、続いて二歳魚が行われ、休憩を挟んで当歳が行われる。早い時間は予報通り薄く雲のかかった状態であったが、いつのまにか雲はなくなり、真夏の陽射しが降り注ぎ、気温もぐんぐんと上昇していった。二歳が上がる頃には陽射しのために洗面器の水がお湯になってしまうということで、急遽、日除け用にテントをセットすることになったほどであった。時期的にしっかりと暑さを予測して準備をされているところはさすがである。

楽友会はフルーツや手作りパンなどの入賞賞品も人気だが、今年の優等には金色に輝く手のひらに乗るらんちゅう像も贈られた。さらに昨年が80回の記念大会であったため、昨

第61回岡山錦鱗会品評大会　記念集合写真
全国から注目されている今ではメジャー大会の一つとなっている岡山錦鱗会の大会には、今年も岡山を中心とした中国地区、四国地区、そして中部、東部からも多くの参加者が集った

岡山錦鱗会品評大会観覧風景

岡山錦鱗会品評大会観覧風景

駿河らんちゅう会品評大会　審査風景

駿河らんちゅう会品評大会　観覧風景

第7回駿河らんちゅう会品評大会　記念集合写真
静岡県東部を中心とする駿河らんちゅう会も7回目の大会を迎え、愛好会として年々、落ち着きを増している

年優等の方には額縁入りのプリントも用意されていた。こうした賞品の数々はよい記念になる。夏の陽射しが戻ったことで、厳しい暑さの中ではあったが、和やかな雰囲気の一日であった。（東山）

9月3日　第67回山梨錦城会品評大会

新会場は甲府インターからすぐの曽根丘陵公園、その中にあるコンサート会場にもなるような観客席付きの舞台での品評大会であった。台風16号の動きが遅く、影響も心配されたが、強い風も前日まででなくなり、大会当日は少し暑さが戻った程度な絶好の品評会日和であった。

山梨錦城会も当歳魚は大小二部門になっており、計4部門で行われる。そして審査も当歳魚の部から始まり、二歳親へと続けられる。9月の頭という時期であったが、当歳魚のサイズも仕上がりもしっかりとした印象を受けた。小山会長は背腰係を全部門通して担当されており、それが終われば並んだ魚の確認など常に率先して動き回られていたのが印象的であった。審査の進行もスムーズに行われ、昼頃には展示の洗面器は埋められていた。公園ということもあり、会員の昼食が終わる頃には一般の人も見学に訪れ、親魚の大きさに驚いたり、更紗の美しさに目を奪われ、近くの会員に説明を受けたりもされており、こうした場所で開催することでらんちゅうを知ってもらうことにもなっていた。（東山）

9月3日　日らん佐賀第22回品評大会

毎年、9月の第一週は品評大会の取材は休みにしていたのだが、今年は、九州へ行くことになった。日蘭佐賀の大会に出向くのは7年振りのことである。今年から、第60回大会で親魚の部で日本一を獲得された東　秀明さんが会長になられたことで、東さんから撮影依頼を頂いたからである。

前日に福岡に入り、東さんの飼育場、飼育魚を見せて頂き、翌日、東さんと共に会場入り、九州各地で行われている、らんちゅう品評会の撮影そのものも7年振りとなった。九州地区には日本らんちう協会西部本部の10支部があり、多くのらんちゅう愛好家がいる。九州地区だけで毎週、大会が行われており、それだけらんちゅう飼育人口は多いのである。

特に親魚では九州地区は全国から注目されるほどで、今回の大会も古江輝美西部副本部長、内田輝男氏、東　秀明氏など全国でも著名な方々が優等賞を獲られた。九州地区では、9月の第四日曜日に九州・山口日らん会が行われており、九

平成29年度日本らんちう協会東部本部大会　記念品評大会　台風18号の影響が心配されたが、雨中となったが無事に大会を進行することが出来た。東部本部大会も年々、注目度が高まっている大会になってきている印象を受けた

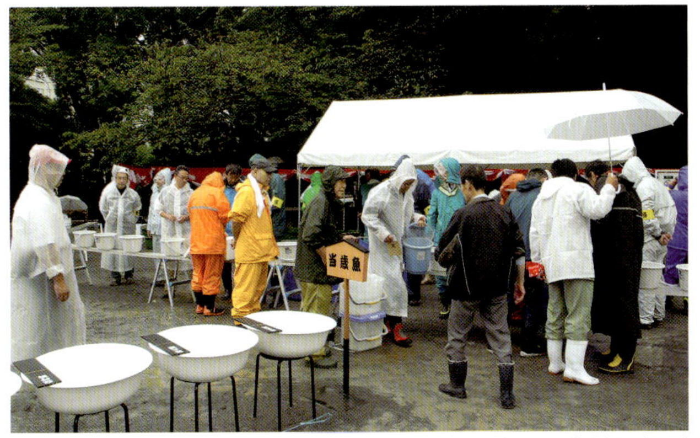

平成29年度日本らんちう協会東部本部大会　受付風景　東部本部所属の全支部の方々が運営に携わり、進行はスムーズに進んだ

平成29年度日本らんちう協会東部本部大会　観覧風景。雨足が時折強まる中でも熱心に入賞魚を見て語り合う会員の方々の笑顔が印象的であった

州全体の魚のレベルを底上げする大会となっている。多くの大会がある九州地区のため、それだけ魚の消耗度も高くなる。この辺を上手く調整されて、メジャーな大会での九州勢の活躍を期待したい。

9月10日　岡山錦鱗会第61回品評大会

全国から注目されている愛好会の一つ、岡山錦鱗会の大会に出向いた。岡山錦鱗会の品評大会の会場となったウェルポートなださきには、今年も朝から多くの参加者が集い、中部、東部からの参加者も増え、近年の岡山錦鱗会の大会、特に当歳魚の部門は入賞することが難しくなってきている。出品者の多くも、東大関狙いは勿論なのだが、「役魚16匹に入る」ことが目標になる大会である。

2017年は、研究会を見て歩いていた印象としては、「当歳魚の出来はあまり良くない」と思っていたのだが、ここ岡山錦鱗会の当歳魚の出品魚を見ていると、「やはり作ってきている！」と感じられた。日本らんちう協会では、ホームページを開設しているのだが、速報的に品評大会の入賞魚が掲載される。その影響は年々、上がってきており、まずは岡山錦鱗会の品評大会の入賞魚を見て、その後の飼育意欲を上げるという愛好家も少なくない。そして、近年は中部本部や東部本部所属の会員の方々がここ岡山に武者修行的に魚を出品されることも普通になってきている。やはりらんちゅう飼育者なら、より入賞が難しく、注目が集まる愛好会の大会で戦ってみたいと思うのは普通のことである。

入賞してきた魚を見て、「流石は岡山の役魚だ！」と思えた。全ての入賞魚の撮影を終えると、さすがにグッタリ…ただ、この9月第二日曜日の撮影を終えると、「いよいよ、秋本番だな！」と感じる毎年である。

9月10日　第7回駿河らんちゅう会品評会

昨年までは駿河らんちゅう会がシーズン開始の品評大会であったが、今年は私にとって三番目の大会取材となった。この週末は台風の心配もなく、朝から上々の天候であった。それどころか時間と共に陽射しは強くなり、洗面器は真っ白に光を反射し、審査開始時ですでに洗面器の水温はかなりあがってしまうほどであった。それでもしっかりと作り込まれてきた魚たちは水温差も気にせず力強い泳ぎを見せていた。当歳と二歳が同時に審査を開始し、二歳が終わると親魚の審査へと続く。やはり当歳の数が多いため、こうすると親魚が

第107回横浜観魚会品評大会　記念集合写真　2017年より会場が横浜南部市場に移り、初めての大会となった

第107回横浜観魚会品評大会　審査風景

第107回横浜観魚会品評大会　観覧風景

終わる頃に当歳も並び終わるといった具合に進行されていくようになっている。第61回日本らんちう協会全国品評大会で当歳魚東大関を獲得された吉村友良氏が、昨年の第6回に続き今年も当歳魚の東大関を獲得、さらに当歳西大関、親魚の西大関、二歳の西関脇と今年も強さも見せていた。(東山)

9月17日　日本らんちう協会東部本部大会

9月の第三日曜は台風18号が猛威を振るった。中部や西部では本大会の延期や中止を余儀なくされ、残念な思いをされた会もあった。関東も事前の予報では相当な雨が予想されていたのだが、週末が近づくにつれ台風の速度が遅くなり、当日は一日中雨だったものの、ひどい風雨にはならず、無事に終了できた。

前日の準備日は予報は雨であった。準備に集まった全員が雨の中での作業を覚悟していたであろうが、ほとんど雨が降ることもなく、用意していた雨合羽を出すこともなくスムーズに準備は完了した。その夜中には叩きつけるような雨と強い風が吹き続き、いったいどうなるのかと心配したものだったが、日曜の早朝には風は収まり、雨もほんの小雨程度で、少しホッとしたものだった。

大会当日、雨の中受付が開始される。魚係も出品する人も誰もが雨合羽に長靴と雨中作業態勢であった。幸運にも早い時間は小雨だったり、雨が止んだりもしたため、開会式から集合写真は滞りなく進めることができた。そして三部門同時に審査が開始されたが、この頃には徐々に雨が強く降り出した。まずは親魚が格付け六面審査へ。そして次々に魚が洗面器に上がっていく。全ての洗面器で最初に入るのが親の東大関である。その素晴らしさは、この日最も注目を浴びることになった。次々と魚が運ばれてくる。それまでは木々の下などで雨を避けていた人たちも雨が降っていようが関係なく洗面器周りに集まり出し、魚談義が始まるものであった。

さすがにこの雨の中での撮影は困難ということで、役魚をテント下に連れてきていただいた。撮影も無事に終了。ただし、これまで会報に掲載していた前頭全個体の撮影はできなかったのはご容赦いただきたい。

東部大会ではお馴染みとなった支部対抗戦の結果は、今年も房総らんちう会が二位に大差をつけての二連覇を果たした。房総らんちう会は東部の備品コンテナの管理も任されて

第99回錦蘭会品評大会　記念集合写真　西日本を代表する愛好会、錦蘭会は2018年に百周年を迎える

錦蘭会品評大会　観覧風景

錦蘭会品評大会　審査場風景

いるので、最初から最後までの活躍であった。台風直撃の可能性もあり、開催すら心配された今回であったが、早め早めの進行に役員、会員が一丸となったこともあり、滞りなく終了することが出来た。

9月24日　横浜観魚会第107回 らんちゅう品評大会

慣れ親しんだ荒井市場での品評大会開催は昨年で終了し、今年から会場が横浜南部市場に変更され、新会場になっての本大会は初めてであった。新たな場所での審査場や洗面器の配置などの心配もあったが、そこは手慣れたもので、あっという間に配置も決まり前日の準備は滞りなく終了した。

翌日も天気は上々。早朝から続々と各地の会員が集まり、会場は大勢の方で賑わっていた。受付時や控え池の周りでも話は弾み、常に笑い声が聞こえるのが横浜観魚会でもある。こういった雰囲気の良さが多くの会員を集わせる原動力となっているのだろう。

その和やかな時間も審査が始まると引き締まる。今年の当歳魚の審査は矢作会長に加え、中部の影山　繁氏と飯島紳一氏が入ることで、誰もが注目し、緊張感溢れる時間が進んだ。魚が上がりだすとやがて歓声が聞こえてくる。親しい仲間の魚が好成績を残したのを喜び合う会員たちの姿があり、大いに盛り上がるのもこの会の特徴である。表彰時には矢作会長からの言葉もあり、皆の拍手に包まれる入賞者、これを目標に多くの会員が集い、競い合っている。その光景は誰もがその場にいたいと思わせるものだと思えた。

また、横浜観魚会では関東東錦部門も行われている。年々集まる魚の数も増えており、当歳、二歳、親としっかり揃うようになった。親などは控えの舟が小さく感じられるほどの魚が集まっていた。（東山）

10月1日　平成29年日本らんちう協会中部本部大会兼第106回錦友会全国らんちう品評大会

10月の第1日曜日は浜松、錦友会の品評大会だが、今年は中部本部大会が兼ねて行われた。錦友会で中部本部大会が兼催されるのは二度目のことである。この週末は台風も前線の影響もなく、久しぶりに天気の心配がなかった。会場が屋根のある（株）清水金魚なので、雨でも問題ないのだが、前回、

第48回湘南らんちゅう会品評大会　記念集合写真。10月第一日曜日、東部本部所属の会では、愛魚会と湘南らんちゅう会が品評大会を行う。今年は湧口真行氏が撮影を担当した

湘南らんちゅう会品評大会　会場風景（写真／湧口真行）

湘南らんちゅう会品評大会　観覧風景（写真／湧口真行）

中部本部大会が兼催された際は台風の大雨だったのがまだ記憶には残っていた。

どこの会でも仲間が持ってきた魚は気になるもので、受付時から笑い声があがり、話も盛り上がる。特に中部本部大会ということもあり、いつもの浜松勢に加え、中部各地から錦友会以外の会員も集まってくるため、その盛り上がり方が強く感じられた。出品される魚もいつも以上のペースで控え池に収容されていく。特に当歳はサイズの大きさが目立っており、中には普通の二歳と遜色のないような大きな魚も数多く見られた。最終的に当歳は150匹、二歳66匹、親が33匹の出品数であった。

開会式の後、すぐに集合写真を撮ったが、さすがに中部本部大会である。錦友会の垂れ幕の下がいつもの集合スペースであるのだが、今年は入りきらずにスロープの上の方まで人が溢れるようになっていた。その後、鈴木和男錦友会会長が審査員を集めての打ち合わせを行い、審査が開始された。審査は二歳と当歳が同時に開始され、二歳が終わると親魚が行われる。審査場は、以前は奥まった場所で行われていたが、数年前より広場を使うようになった。審査用の洗面器を「コ」の字型に取り囲むように点数分けの洗面器が配置されており、一次審査で点の出た魚が魚係によって点数別の洗面器へと次々と運ばれていく。審査を待つ会員たちはその様子を周りから見学できるため、好評の審査場レイアウトである。自分の魚はもちろん、仲間の魚が何点の所に入ったなど、話題は尽きないようであった。まずは二歳の六面審査が終わり、魚があがる。続いて親魚が行われ、こちらも格付けが決定されていったが、当歳はその時点でも審査が続いていた。

当歳では東大関に浜松の原　行男氏、安藤　寛氏が西大関に取締二と浜松勢の強さがやはり目立っていたが、志摩の林　万貴氏が親魚東大関、二歳でも取締一、二と優等を獲得されており、中部大会らしいいつもとはまた違った戦いが繰り広げられていた。（東山）

10月1日　錦蘭会第99回秋季品評大会

10月第一日曜日は、自分が最も多く撮影をさせて頂いてきた、阪神地区最大の愛好会、錦蘭会の大会の撮影であった。全国大会が西部本部が当番本部となった2017年は、同時に開催される西部本部大会がなく、今年は3年振りに錦蘭会単独での大会となった。

錦蘭会の大会もいよいよ、2018年、記念すべき百周年を迎える。百周年の際はまた西部本部大会が同時開催となるが、金魚愛好家で、愛好会の最大の節目となると言っても過言ではない百周年の大会に出品、参加出来ることは何よりの思い出となる。錦蘭会は、前光田　実会長が亡くなられた年に分裂騒動があり、規模が小さくなった時期もあったが、そ

平成29年日本らんちう協会中部本部大会兼第106回錦友会全国らんちう品評大会　記念集合写真　今年の中部本部大会は、浜松、錦友会品評大会との兼催であった

平成29年日本らんちう協会中部本部大会兼第106回錦友会全国らんちう品評大会
審査風景

平成29年日本らんちう協会中部本部大会兼第106回錦友会全国らんちう品評大会
観覧風景

れ以降、小林保治会長、西賀一郎西部本部長の尽力もあり、年々、会員数が戻ってきている。

西部本部所属の会員の方にとっては、9月の大会から11月3日の日本らんちう協会全国大会の間の時期の腕試しとしては10月第一日曜日の開催日はちょうど中間的な時期になり、最適な大会だと言えるのである。最近は全国大会偏重が強くなったものの、やはり自分たちの遊び場は自分たちで盛り上げてこそ、らんちゅう愛好会が歴史を積み重ねられるのである。西部本部所属の会員の方々には、「10月第一日曜日は錦蘭会の大会」ということを今一度、心に感じて欲しいと思う。

2017年の大会は、当歳魚が大小二部門あることもあり、多くの出品魚が集った。また、西部本部所属の各支部の方々が遠方より集ったこともこの大会を盛り上げた最大の要因であった。

10月8日　第27回観栄らんちう会品評大会

新会場になってから雨続きであった観栄らんちう会の品評大会だったが、今年は晴天に恵まれた。それどころか前日までの肌寒さはどこへやら、午前中から気温もぐんぐんと上がり、見学していても汗が噴き出す夏日の中での開催となった。受付が開始されると、やはり花形の当歳の収容池に次々と魚が入っていく。10月ということもあり、しっかりと体の作られた体格のよい魚が多く目についた。親や二歳も年々出品数が増えている印象を受けた。審査場は二部門が二列になる配置で審査用の洗面器が並ぶ。一次審査で付けられた点数ごとに周りの洗面器へと魚が振り分けられていく。当歳は壁側なので会員たちからは見えないが、二歳は審査場が表に面しているため、すぐそばで見ることができる。一次審査で点数分けされた後は、点数順に番付が決まり、同じ点数が複数匹いる場合は合議制で決定される。その様子を皆が固唾をのんで見守り、決まった魚が展示用の洗面器へと運ばれていくと、観客も同時に洗面器へと移動していく。

進行もスムーズで、二歳魚、親魚の部門が終わり、当歳魚の部門も昼前にはほとんどの魚があがった。やはり当歳魚の注目度は高い。少し泳ぎが重たいような魚も見えたが、しっ

第129回観魚会品評大会　記念集合写真　10月第二日曜日、東部本部で行われる品評大会は、観魚会の大会と決まっている。日本で最も長い歴史を持つ観魚会の大会には、今年も全国各地から参加者が集った。2018年は第130回と節目の大会となる。更なる参加者増を望みたい

第129回観魚会品評大会　観覧風景

第129回観魚会品評大会　当歳魚出品魚

かりと攻めた飼育をしていることでの体つきになっており、このひと月後の姿を見据えた飼育をしていることも窺えた。その後は入賞魚を前にしての魚談義である。祝福の言葉や今までの苦労話、そしてこれからのこと、誰もが最も楽しんでいる時間であった。（東山）

10月8日　観魚会第129回品評大会

10月第二日曜日は、東京北区で行われた観魚会の第129回品評大会で撮影係をやらせて頂いた。畏まった言い方だが、観魚会で本気で撮影するのは、2017年が初めてのことであった。これまで、30年間という長きに渡り、観魚会の撮影、会報制作をされてこられた、一色直裕さんが、「首の調子が良くないので、ちょっとらんちゅう撮影は止めるつもりなのと、30年の節目なので！」ということで、2017年は撮影をお手伝いすることになったのである。

昨年の観魚会の品評大会は開会時まで凄い雨だったのだが、今年は良い天気に恵まれ、来会者もかなり多くなり、多くの会員が集った記念集合写真となった。今年は、初めて観魚会の準備日に訪問、大したことはしていないのだが、何より、撮影用の洗面器の高さは前もって知っておきたかったのである。

金魚の撮影は普段はそんなに緊張しないのだが、前任者が一色さんとなるとそうはいかなかった。柄にもなく、ちょっと緊張してしまっていたのである。食事も後回しに入賞魚を運んで下さった齋藤一成さん、安藤　寛さん、秋元和男さんには感謝であった。

品評大会では、入賞魚を前にして、魚談義を楽しむ…これも品評会の大きな楽しみである。観魚会の大会では、例年までならそれを大いに楽しんでいたのであるが、撮影に時間を割いてしまったため、例年のように、その輪に入れる時間が少なかったのは残念であった。日本で最古の歴史を持つ、観魚会は、2018年に130回目の節目の大会を迎える。東部本部所属の会員の方には、「10月第二日曜日は観魚会の大会日」という思いを今一

第27回観栄らんちう会品評大会　記念集合写真　10月第二日曜日、中部本部で行われる観栄らんちう会の品評大会は、久々に晴天下での大会となった

観栄らんちう会品評大会　入賞魚を見ながらの歓談風景。品評大会の楽しみのひとつである

観栄らんちう会品評大会　観覧風景

度、持って頂きたいと思う。日本で最も歴史を持つ愛好会の将来は、現在のらんちゅう愛好家がその歴史を継承していくことが大切なのである。

10月15日　平成29年度日本らんちう協会静岡県支部品評大会兼焼津らんちう会

この日曜は静岡県支部品評大会へ。この支部品評大会は静岡県の支部が毎年持ち回りで開催されており、今年は焼津らんちう会の第47回品評大会と兼開催であった。ただ、この週末は数日前から雨予報。全国的に天気が悪く、雨は避けられない状況だったので東部大会以来のレインコートや替えの服を用意していた。当日、出発時には雨。新幹線の道中も雨が窓を強く叩いている状況で、会場に到着しても当然のように雨が降っていた。会場は焼津金魚センターの駐車場で開催される。店内には色とりどりの金魚たちが水槽に泳いでおり、待っている間にじっくりと魚を見ている方も多かった。外では会員が持ち寄ったらんちゅうの売り立ても行われており、これを目当てに来訪する方も多く、雨の中でも次々と車が入ってきていた。

会員の方々はレインコートを着て魚の受付を行っていた。雨は時折弱くはなるものの、止む様子はなく、結局一日中降り続いたものであった。審査場は屋根の下であるが、点数分けの舟は外にあるため、魚係の方々は雨の中慎重に魚を運ばれていた。二歳・親と当歳との二ヶ所で審査が行われ、まずは二歳、それが終わると親の審査になる。一次審査の後、格付け六面審査が行われ、スムーズに二歳、親、そして当歳も確定されていった。11月が迫っている時期でもあり、出来あがった魚が集まっていた。「これを今日使うなら、手元にはもっといいのがいるんでしょ？」といった具合に雨が降る中傘をさしながら会話も盛り上がっていた。（東山）

10月15日　紫錦会第69回品評大会

10月第三日曜日、この日は台風21号の影響もあり、終日、雨模様、今年は東山が静岡県支部大会での撮影を依頼されて

第７回房総らんちう会品評大会　記念集合写真　台風の影響であいにくの天候下だったが、現在、多くの作り手の会員が好結果を残している愛好会だけあって、品評大会も熱い戦いとなった

房総らんちう会品評大会　観覧風景

焼津らんちう会品評大会　観覧風景

平成 29 年度日本らんちう協会静岡県支部品評大会兼焼津らんちう会品評大会　記念集合写真

紫錦会第69回品評大会　記念集合写真　東部本部所属の名門愛好会の一つ、紫錦会の大会も雨に祟られたが、明るい雰囲気溢れる大会であった

紫錦会品評大会　審査風景

紫錦会品評大会　歴史を感じる木桶は今では紫錦会の大会でだけ見られるものになった

いたため、自分は朝一番に埼玉らんちう会の品評大会会場に挨拶に出向き、撮影は素晴らしい写真を撮られる、埼玉らんちう会の会員である直井重男さんにお任せして、大宮駅から蒲田駅へと移動、紫錦会の品評大会の撮影を久々にさせて頂いた。

紫錦会は今から20年前に自分が入会させて頂いた、初めてのらんちゅう愛好会で、展示に使われる木桶など、雰囲気が好きな愛好会で、ここ紫錦会で多くのことを学ばせて頂いた自分にとっては大切な愛好会の一つである。

これまで10月第三日曜日は他会の撮影に出向いていたのであるが、二年前を最後に行かなくてよくなったので、再び、紫錦会の大会に顔を出せるようになったのである。

紫錦会の審査は魅力があるもので、実際、自分も紫錦会で魚の見方を学んだ一人である。高橋伸基東部本部副本部長、物部会長など、「欠点を見つけるのではなく、魚の良い部分を見ていく」これは言葉では簡単に書けるものの、やはり生きた魚を目にしながら、話を聞くことで、らんちゅうの魅力を教えて貰える愛好会である。そうした会員同士の交流やこれから始めようと興味を持って訪れた人への熱心な説明も研究会時から行われており、雨中の大会となったが、大いに盛り上がっていた。

10月21日　第6回房総らんちう会品評大会

房総らんちう会の大会が行われる週末は、超大型台風21号が猛威を振るい、土砂災害警戒情報や大雨洪水波浪警報、そして各地に避難勧告が出されたりと、今シーズン最悪な状況となってしまった。そんな中、房総らんちう会の品評大会が行われた。房総らんちう会は東部大会の支部対抗戦をぶっちぎりの成績で二連覇しており、東部でも注目されている愛好会なのだが、この天気ではどうなるのかと心配していた。

当日は朝からもちろん雨である。会場へ向かうわずかな時間にも雨が強くなっていくのがわかるほどであった。しかし現地に着いてみれば、会員の方々が完全防備の姿で設営を済ませていた。そして受付が開始。「雨だから、台風だから」と控える様子は一切なかった。次々と受付をされ、舟に魚が溜まっていった。今回から受付時に魚の写真を提示することになっていたが、雨のおかげで少々手間取った感があった。ただ、後の撤収や魚の取り違えの防止にはこうすることが一番良いのは魚が多く集まる会を見ていると理解できる。

一瞬雨脚が弱まったところで開会、急ぎ集合写真を済ませ、審査が開始された。まず親魚が行われ、二歳、当歳と進んでいく。審査場は大型テントの中なので雨風も問題ないのだが、点数分けの舟は外なので魚係の方々は大忙しであっ

日本らんちう協会　第62回全国大会　記念集合写真　西部本部で開催される全国大会には多くの出陳者、見学者が集うのだが、2017年の大会は、前回の第59回大会以上に多くの来場者が集った

た。審査が終わり魚が展示洗面器へと運ばれていくが、雨はその間も降り続けていた。房総らんちう会の会場は海際であるため、毎年風は付きものなのだが、さすがにこの日はケタ違いであった。展示場の看板が風で倒れたり、傘を手に見学をしていても、片手だと持っていかれそうになるくらい強い雨交じりの風であった。それでも集まった会員は、魚が上がれば洗面器周りに集まり魚談義に花を咲かせていた。(東山)

11月3日　日本らんちう協会第62回全国大会

大阪府豊中市にある服部緑地公園ウォーターランドにて、日本らんちう協会 第62回全国品評大会が行われた。西部本部が当番本部で行われる日らんは、いつも多くの出陳魚が出陳される大会で、今回も、当歳魚が420匹、二歳魚が194匹、親魚が116匹、合計730匹のらんちゅうが全国から「日本一を狙って！」出陳されたのである。

東山と共に7時半頃に会場入りしたが、その時点ですでに多くの人が集まっていた。前日の準備にも少し顔を出していたが、ゆったりとした空気が流れていた準備日とはまったく違う、緊張感を感じられる空気が会場には流れているようだった。当歳部門はいち早く受付を開始。受付に次々と人々が集まり、すごい勢いで控え池に魚が収容されていく。最終的に当歳魚の部は420匹の出陳魚が76面の入賞席を奪い合う熾烈な争いとなった。会員の中には秋の天候不順で魚を思うように仕上げられず、出陳出来なかった方もおられただろう。そういった難問を乗り越えた方々が集うのが全国大会なのである。

開会式の後すぐに集合写真を撮るのだが、魚が集まっていれば、当然人も集まる。大阪会場では少し高い位置から撮ることができるので全体像はなんとか収めることができるが、参加者一人一人の顔の判別が難しいほどであった。

プールサイドには各部門の一次審査の点数池が並ぶ。時間と共に審査は進んでいき、まずは親魚が一番乗りで六面の格付け審査が行われ、日本一が決定した。続いて二歳魚が洗面器に上がっていく。展示の洗面器周りにはロープが張られ、我々の写真撮影とDVD撮影が終わるまでは全開放されない。待たせている出品者や観覧者からのプレッシャーをヒシヒシと感じるものであった。そんな中、ついに当歳魚も上がりだしたが、二歳の前頭の辺りにいる時、遠くから大きな歓声が聞こえてきた。歓声の理由は優等上位三匹を愛媛勢が獲得したこと。愛媛の竹内誠司氏、津島洋介氏で、竹内氏は東西大関獲得という快挙であった。そこからは競い合う仲間たちからの祝福の歓声が続いていた。

全ての撮影が終わり、洗面器周りが開放されると、待ちわびていた出陳者、来場者で、あっという間に洗面器周りに人だかりが出来た。特に当歳魚の優等魚を見るために大渋滞ができていた。花形である当歳魚の注目度は当然高いが、親魚や二歳魚でもそれぞれに喜びがあり、ドラマがある。やはりこの全国大会の洗面器に上がるという事は特別なことなのであった。

東山と共に横浜に帰ってからの作業が大変で、撮影した入賞魚を整理して、ホームページ使用ができるサイズにカットして、アップ作業をする。日本らんちう協会の全国大会翌日の閲覧数は3000超える。たった一日でこれだけの閲覧数を記録するのだから、やはり全国大会の注目度は非常に高いのである。

全国大会は最も注目を浴びる大会であるが、結果が出れ

第62回日本らんちう協会全国品評大会　観覧風景

第62回日本らんちう協会全国品評大会　観覧風景

第62回日本らんちう協会全国品評大会　開会前の審査員会議　注目度の高い大会だけあって、総本部審査員の方々にも緊張感が漂う

第62回日本らんちう協会全国品評大会　観覧風景

ば、ラグビーのノーサードの精神が清々しい。結果に文句を言う人もいるが、そう言う人から学ぶものは何もない。「結果は結果」、自分の一年間に納得していれば文句など出ないはずである。今回の大会では、いわゆる「魚を買ってすぐに出す」という人が上位に入賞しなかったことは私にとって嬉しいところである。戦い方は自由だが、やはり仔引きをして、あるいは当歳魚を入手して、一年以上育てた人の戦いが見たいのである。「魚にどれだけ飼育者の汗と苦労が注がれているか？」そこが魚を見た人に感動を与えるのである。

2017年の第62回全国品評大会は凄い大会であった。「これぞ！日らん！」と言う大会を見せて頂けた。らんちゅう愛好家の皆さんは2017年の厳しく辛い日常管理から解放されたひと時であろう。

2018年、新たな場面へ

今年、日本一を獲得された方の取材は、11月3日が終わってすぐに終えることが出来た。11月7日に二歳魚日本一の榊原英樹さん、空路移動して、当歳魚東西大関の竹内さん、11月8日に親魚日本一の尾濱英治さんの取材を終えられた。

今年の日本らんちう協会全国大会を見ていて、「時代が変化している」という気持ちを強く持った。当歳魚の部での入賞魚76匹中、53匹の会員の方々は既に本誌で取材させて頂いた方々である。しかし、入賞者の年齢が若くなってきている部分が例年以上に顕著に見られたのも確かである。毎年、夏場の酷暑、猛暑が続くようになると、やはりらんちゅうの日常の世話が飼育者の体力を消耗させる。総本部審査員のお一人である東部本部の高瀬有三氏と電話で雑談していたのだが、「今のらんちゅうの飼育は、アスリートの世界に変わってきている」という興味深い話を聞くことが出来た。らんちゅうの品評大会が競技者の世界に変化してきているという意味である。また、魚を仕入れてすぐに出品、出陳して勝てる世界でもなくなってきつつある。

当歳魚の部門は、2018年を迎え、全国の愛魚家全てがまた同じスタートラインからである。“向上心”と“探究心”を持って、自分の“審美眼”を磨き、より情熱を持って魚作りをしていくこと、これが一番大切なことである。そして、少数精鋭の魚を仕上げることである。そのためには、「自分の眼を信じる！」ことが大切である。あれもこれもと飼育している愛好家はあるところまで来ると壁に当たり、その壁を乗り越えられないでいることが多い。「何がいけなかったか？」を考えることも必要ではあるが、また新たな気持ち、テーマ、そして実際の飼い方、魚の見方を探求されることが同時に求められるのである。

また皆さんが作られる素晴らしい魚を2018年も全国大会だけでなく、それぞれの品評大会で見させて頂くことを楽しみにしたい。

日本らんちう協会 東部本部大会

台風の影響が心配された、芝公園での二回目の東部本部大会

平成29年度日本らんちう協会東部本部大会記念集合写真

平成29年度の日本らんちう協会東部本部大会は、東京都港区にある芝公園で開催された。芝公園での東部本部大会はこの大会で二度目になった。開催された9月第三日曜は日本各地、特に西日本で台風18号が猛威を振るった。その影響もあり、中部や西部所属の愛好会では、大切な品評大会が延期や中止を余儀なくされ、残念な思いをされた会がいくつもあった。『金魚伝承』を発刊以降、台風で大会が中止や延期にこれほど多くあった年は経験がなかった。台風やそれに伴う前線の影響により、関東地方も事前の予報では相当な雨が予想されていたのだが、週末が近づくにつれて台風の速度が遅くなったことで、9月17日の大会当日は一日中雨の中になってしまったものの、ひどい風雨にはならず、無事に終了することが出来た。

前日の準備日も予報は雨であった。準備に集まった全員が雨の中での作業を覚悟していたであろう。誰もがレインコート、長靴を持参して雨対策をして集まったのだが、作業している間に雨が降ることはなく、用意していたレインコートを出すこともなくスムーズに準備は完了した。しかし、その夜中には叩きつけるような雨と非常に強い風が吹き荒れており、明日はいったいどうなるのかと心配したのだが、日曜の早朝には風は収まり、雨も小雨程度で、少しホッとした。会場の芝公園は昨年の日本らんちう協会第61回全国大会でもそうだったのだが、地面が雨水が溜まりやすく、足下はどうしてもぬかるみになってしまう。しかし、これだけ雨が降れば、ぬかるみを気にするというより、長靴が不可欠な状態であった。

台風の進路予想が良くなかった2017年度の東部本部大会となったが、残念なことに集合写真も例年より参加人数が少なめであった。それに伴って、出品魚数も少なかった。らんちゅうの品評大会というのは、よほどの事がない限り、雨天決行されるもので、「雨だから止めよう」という考え方では、ちょっと寂しい気がした。もちろん、東部本部所属の愛好会は北は北海道、東北まで多くの支部があり、例え車で来会されても、台風で帰れなくなってはいけないのだが、それでも関東地方に多くの愛好会があるので、出品魚数が減るというのは、いただけない話しである。

日本らんちう協会という組織は、全国のらんちゅう愛好家が組織しているもので、らんちゅう愛好家個々が集合して大

開会の挨拶をされる矢作雄一東部本部長

審査員の担当は、当日になってくじ引きにて決められる

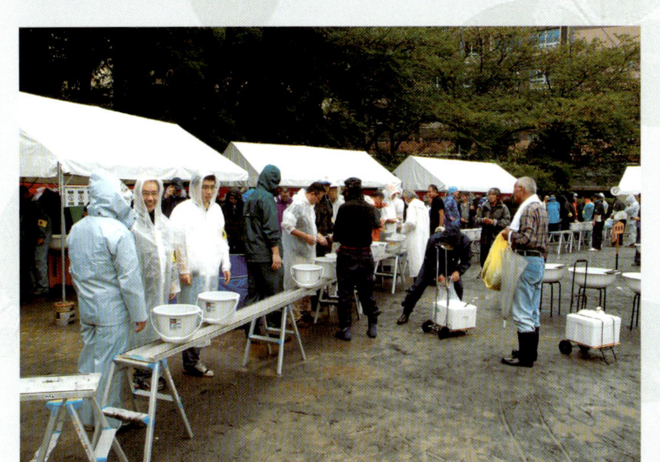

雨中の受付風景

当歳魚審査風景

平成29年度日本らんちう協会東部本部品評大会
当歳魚の部　東大関　荻谷冨士夫氏出品魚

平成29年度日本らんちう協会東部本部品評大会
当歳魚の部　西大関　稲村俊明氏出品魚

きな組織となっているのである。ここ数年、実は西部本部を除いて、東部本部、中部本部は会員数が微減している。毎年のような酷暑、猛暑の影響もあるだろうし、日本の景気動向も影響する部分はあるだろう。しかし、愛好会は会費と出品料が主な収入源であり、やはり東部本部に所属している会員数は400名を超えているのだから、もっと出品魚数は増えてもいいのではないか？と前々から感じている。出品もせずに会費を払っている会員というのもありがたいことかもしれないが、やはりらんちゅうの組織であって、出品も参加もしないでは、楽しみはないように感じる。

もっともっと東部本部所属の会員の方には、本部大会への出品に積極的になって頂きたい。

降り続く雨の中、受付が開始される。魚係も出品する人も誰もがレインコートに長靴と雨中作業態勢であったが、そんな中でも魚の姿が見えだすと話も弾み、笑い声が聞こえてくるようになっていた。そして幸運にも早い時間は小雨だったり、雨が止んだりもしたため、開会式から集合写真の撮影まで滞りなく進めることができた。

各部門の審査員は、担当を当日クジ引きで決める。矢作大会委員長の持つクジを次々と審査員が引いていき、「親になった、当歳だ！」とここでもどの部門になったかで盛り上がるのも東部本部大会のいつものことである。そして三部門同時に審査が開始された。この頃には徐々に雨足が強くなっていた。審査中がこの日最も強く雨が降っていただろうか、

審査中が最も雨足が強かっただろうか。一次審査で点数分けされた舟が激しく打ち付ける雨粒に晒されていた

雨が降っていようが、魚が洗面器にあがれば誰もが我先にと集まってくる。雨の落ちる洗面器を見ながらだが、話は盛り上がっていた

平成29年度日本らんちう協会東部本部品評大会
二歳魚の部　東大関　青木浩一氏出品魚

平成29年度日本らんちう協会東部本部品評大会
二歳魚の部　西大関　斎藤太郎氏出品魚

東部本部大会前日準備日の様子

東部本部大会前日準備日の様子

東部本部大会前日準備日の様子

一次審査で点数分けされた舟はテントの外のため、叩きつける雨粒で舟の中の魚が見えづらくなっていた。そのような状況でも審査は粛々と進み、まずは親魚の格付け六面審査が行われた。そして次々に入賞魚が決定し、洗面器にあげられていく。全ての洗面器で最初に入るのが親の東大関である。この日最も注目を浴びた魚がこの親魚の東大関であった。黒澤義男氏出品魚で、その姿、泳ぎは全く狂いを見せず、そのまま全国大会に出陳すれば、「日本一もあるのではないか！？」と多くの見学者に思わせた見事な魚であった。それに続き次々と魚が運ばれてくる。するとそれまでは木々の下などで雨を避けていた人たちも雨が降っていようが関係なく洗面器周りに集まり出し、入賞魚を見ながらの魚談義が始まるようになっていた。

続いて二歳魚、そして当歳魚も番付が確定し、展示の洗面器に入れられていくのだが、相変わらず雨は強めに降り続いていた。さすがにこの雨の中での撮影は困難ということで、役魚16尾をテント下に持ってきていただくことをお願いした。例年なら会報に全入賞魚を掲載するために、前頭入賞魚も撮影するのだが、さすがに今回は撮影はできなかった。担当の役割が終わったところで、本来ならホッとする時間で、しかも弁当もお預け状態で手伝ってもらった魚係の方々に感謝申し上げたい。

東部大会ではお馴染みとなった支部対抗戦。らんちゅうは基本的に個人での戦いではあるのだが、この支部ごとの獲得ポイントによる順位付けは、それぞれが愛着ある自分の支部の成績になることもあり、参加する誰もが気にしているものでもある。自分の成績が所属会のポイントになるため、会員の団結感も違ってくるのである。結果は、今年も房総らんち

東京タワーもすっかりと雲の中に入り、この日の東京は一日中雨であった。時折雨足が強くなるものの、前夜のような強風が吹かなかったのがせめてもの救いであった

親魚格付け六面審査

魚が上がりきる頃には少しは雨足は弱まったが、観覧は雨中となっていた

平成29年度日本らんちう協会東部本部品評大会
親魚の部　東大関　黒澤義男氏出品魚

平成29年度日本らんちう協会東部本部品評大会
親魚の部　西大関　高津克人氏出品魚

う会が二位に大差をつけての二連覇を果たした。房総らんちう会は東部の備品コンテナの管理も任されているので、最初から最後までの活躍であった。優等入賞の数は房総が3、二位の楽友らんちう会が4、3位の葛飾愛魚会が3であったが、一等賞、二等賞にも数多くの入賞を果たした房総らんちう会が総合で他を引き離すポイントを獲得した。

房総らんちう会は大渕会長を筆頭に、仔引きが盛んな作り手中心の会で、二歳魚や親魚も持つオールラウンダーの会員もいるため、総合力の高さは東部の誰もが認めるところである。会によって人数の多少はあるものの、少人数でも総合上位の成績を修めた会もある。参加する誰もが魚を持ってくればチャンスは増えるし、より盛り上がることも確かである。来年は房総の三連覇を阻止しようと話している支部もあるだろう。もちろん房総は記録を伸ばすつもりだろうし、こうして支部単位での戦いが盛り上がることで、東部全体のレベルアップにもつながるものだろうと思えた。

しかしながら、この支部対抗戦で支部のポイントが0点という支部も見られた。誰も出品されなかったのか？と思ってしまうが、あくまでも日本らんちう協会はらんちゅう飼育者の集いであり、0点ということは、その支部の存在意義が問われかねないと個人的には思っている。本誌のタイトルである『金魚伝承』の伝承は、やはり先輩が見本となり、若い人材を育てて、らんちゅう文化を伝えていくことであると考えている。それがなければ、組織は衰退するだけである。2018年の東部本部大会では、最低でも1点は全ての支部に取ってもらいたいものである。

2017年の東部本部大会は、台風直撃の可能性もあり、開催すら心配されたのであるが、台風も大会後に接近し、結果としては笑って終われた大会であった。参加された方々にご苦労様と言わせて頂くと共に、2018年も9月の第三日曜日が東部本部大会である。東部本部所属の会員の方々の本気の魚を多数見たいと思っている。

日本らんちう協会 中部本部大会

三年振り、第106回錦友会品評大会と兼催された2017年の中部本部大会

2017年10月1日、今年は浜松で開催され、第106回錦友会全国らんちう品評大会が、日本らんちう協会中部本部大会との兼催で行われた

平成29年度日本らんちう協会中部本部大会は、10月1日に静岡県浜松市中心の愛好会、錦友会の第106回全国らんちう品評大会と兼催された。昨年の中部本部大会は愛知の尾張優魚会、一昨年は愛知の金魚文化連合会で兼催されており、浜松で行われるのは3年振りであった。

以前は名古屋にある一愛好会、金魚文化連合会の大会が中部本部大会を長く兼催してきたのだが、3年前より開催場所を静岡県支部内の錦友会、一昨年は金魚文化連合会、そして昨年の尾張優魚会へと移しながら、今年は静岡県支部内で二度目の開催となった。全国大会は名古屋で開催されることが日本らんちう協会の規約で決められているのだが、中部本部大会を様々な視点で開催していくことは良いことだと感じている。

2017年の9月後半や10月中旬以降は週末ごとに台風の荒天候に見舞われ、中部本部の愛好会でも品評大会の中止、延期をせざるを得なかった愛好会がいくつもあったのである。しかし、10月第一週の週末は、台風も前線の影響もなく、久しぶりに天気の心配がなかった品評大会日和となった。会場が屋根のある（株）清水金魚なので、実際のところは雨でも問題なく開催できるのではあるが、やはり天候は好天に越したことはない。3年前の前回、錦友会で中部本部大会を行った際は、台風の大雨の中だったのがまだ記憶に残っていた。

どこの品評大会でも仲間や知り合いが連れてきた魚は気になるもので、受付時から笑い声があがり、話も盛り上がる。特に中部本部大会ということもあり、いつもの浜松勢に加え、中部各地から会員も集まってくるため、その盛り上がりは強く感じられた。集まっていた愛好家たちもそれがわかっているようで、自分の受付が終わった後も、次々とやってくる他の出品魚を興味深く見守っている姿が見られた。それが知った仲間であれば、受付担当と共にその場で盛り上がっていた。出品される魚もいつも以上のペースで控え池に収容されていった。特に当歳魚の部門は数だけでなくサイズの大きさが目立っており、中には普通の二歳魚と遜色のないような大型の魚も数多く見られた。最終的に当歳魚は150匹、二歳魚66匹、親魚が33匹の出品数であった。例年であれば、もっと数が多いのだろうが、2017年は春先の夜間に気温が上がらなかったこと、夏の酷暑の影響もあり、中部本部、特に作り手の集団である錦友会の中でも当歳魚の出来があまり良い年

会場である清水金魚での審査風景。周りを囲むようにして点数分けの洗面器が並ぶ

挨拶をされる石丸満春中部本部長

錦友会会長　鈴木和男氏挨拶

日本らんちう協会中部本部理事の方々

受付風景。やはり当歳の注目度は高い

日本らんちう協会中部本部大会兼第 106 回錦友会全国らんちう品評大会
当歳魚の部　東大関　原　行男氏出品魚

日本らんちう協会中部本部大会兼第 106 回錦友会全国らんちう品評大会
当歳魚の部　西大関　安藤　寛氏出品魚

とは言えなかったようで、出品魚数は150匹止まりであった。親魚の出品数の少なさは、2017年は全国各地で同様で、昨年、多くの品評大会で、大会後に二歳魚、親魚が調子を崩してしまったこと、そしてやはり三年間以上、無事に育って品評大会に出品することがいかに難しいか？を示していた。

最近の全国大会を見ていると、花形の当歳魚は大激戦となり、多くの作り手の方が、当歳魚の部の延長戦として二歳魚の部門にも出品される傾向が年々強まってきている。前年の全国大会で、当歳魚で入賞を逃した魚をさらに一年飼育して、二歳魚の部で出品しようという「リベンジ」での出品で戦績を残す例も多くなってきている。愛好家の池の面数には制限があるため、どうしても毎年、仔引きして作る当歳魚の

開会式の後、全審査員を集めて鈴木和男錦友会会長が中心となり、進行などの打ち合わせを行った

親魚審査風景

当歳魚六面格付け審査

日本らんちう協会中部本部大会兼第 106 回錦友会全国らんちう品評大会
二歳魚の部　東大関　根木清次男氏出品魚

日本らんちう協会中部本部大会兼第 106 回錦友会全国らんちう品評大会
二歳魚の部　西大関　松橋　悟氏出品魚

部門に多くの池面数を割く傾向を弱めることは難しいだろうが、是非とも、二歳魚、そして、さらに一年を飼って、親魚の部門の出品数が増えることを期待したい。

大会委員長の石丸満春中部本部長、そして錦友会会長鈴木和男氏の挨拶で今年の中部本部大会が開会した。開会式の後、すぐに記念集合写真を撮ったのだが、さすがに中部本部大会である。錦友会の垂れ幕の下がいつもの集合スペースであるのだが、今年は入りきらずにスロープの上の方まで人が溢れていた。その後、鈴木和男錦友会会長が全審査員を集めての審査員会を行い、審査が開始された。審査はまず二歳魚と当歳魚が同時に開始され、二歳魚が終わると続いて親魚が行われた。審査場は、以前は奥まった場所で行われていたのだが、数年前より広場を使うようになった。審査用の洗面器をコの字型に取り囲むように点数分けの洗面器が配置されており、一次審査で点の出た魚が魚係によって点数別の洗面器へと次々と運ばれていく。すべてが間近で見られるわけではないのだが、審査を待つ会員たちはその様子を周りから見学できるため、好評の審査場レイアウトであった。自分の魚はもちろん、仲間の魚が何点の所に入ったなど、話題は尽きないようであった。まずは二歳魚の格付け六面審査が終わり、魚が上がる。続いて親魚が行われ、こちらも格付けが決定されていったが、当歳魚はその時点でも審査が続いていた。

当歳魚の部門では東大関に浜松の原　行男氏、安藤　寛氏が西大関と取締二、行司一に入賞。役魚16匹中8匹を錦友会勢が獲得するという強さが目立っており、安藤　寛氏が当歳魚の総合優勝を獲得された。二歳魚、親魚は各地の作り手が入り乱れる争いになっていた。その中でも三重支部志摩紅鱗会の林　万貴氏が親魚で東大関、二歳魚でも取締一、二と優等賞を3つ獲得され、親魚、二歳魚両部門の総合優勝を獲得された。静岡、愛知、石川、富山、岐阜、三重、山梨と各地から多くの作り手や魚が集まった中部本部大会らしい、いつもとはまた違った錦友会での戦いが繰り広げられた。

日本らんちう協会中部本部は、愛知県、三重県を中心として、長い歴史を持っている。それと共に、錦友会を中心した静岡県浜松市周辺でらんちゅうを生業とする作り手が多数、名を残してきている。そして静岡県東部では、沼津、三島を中心としてやはり著名な作り手が知られるようになっている。今では、富山・石川地区、岐阜地区、長野支部、山梨支

当歳出品魚収容池

清水金魚の倉庫内に洗面器が並べられる。入口の優等魚の所に観覧者が集中するが、奥にも良魚が見られた

平成29年度日本らんちう協会中部本部大会、第106回錦友会品評大会　観覧風景

日本らんちう協会中部本部大会兼第106回錦友会全国らんちう品評大会
親魚の部　東大関　林　万貴氏出品魚

日本らんちう協会中部本部大会兼第106回錦友会全国らんちう品評大会
親魚の部　西大関　村上誠明氏出品魚

部と中部本部の体制が年々、しっかりとしてきている。これも石丸本部長、奥村、飯島副本部長の尽力があってのことである。日本らんちう協会の中では、最も所属会員数が少ない本部となっているのだが、潜在的ならんちゅうの作り手の数は他本部にひけをとらないのである。全国大会での実績も中部本部所属の会員の方々は素晴らしい戦績を残してこられており、日本一獲得者も多数、輩出してきている。その中部本部の歴代の会員の方々が残してこられた実績、戦績を大いにアピールして頂きたいと思う。

しかし、やはり組織としての土台は、会員数、本部大会の出品数にあるのも確かである。中部本部所属の各愛好会が本気で新会員を増やそうと思えば、それは実現するはずであると常々考えている。急に100人増やすということは出来ないが、各愛好会が毎年、1人ずつ増やしていくことを実現すること、それを中部本部の所属会全てに具体的に動いてもらうことを願いたい。

現在は、らんちゅうの愛好会は過渡期に来ている部分もある。歴史がある愛好会が偉い訳ではなく、毎年、毎年、会員に魅力のある行事を提供していくことの積み重ねが歴史を作るのである。昭和の時代に発展してきた、らんちゅう愛好会が、平成になり少しずつ変化し、来年、平成から新たな元号に変わることが決まっている。らんちゅう愛好会にも新たな元号の時代がやってくるのである。会員を積極的に勧誘することは、趣味の愛好会のため、ほとんどの人が積極的に動くことは稀れである。しかし、これからの発展は、今までのように待ちの姿勢ではなく、らんちゅうの魅力、品評会の楽しさをもっともっとアナウンスしていく必要があるのではないだろうか？是非、各愛好会で「新しい時代に向かうため」に、愛好会の将来を真剣に考えてみていただきたい。

2018年の日本らんちう協会第63回全国大会は中部本部が当番本部となって開催される。以前、金魚文化連合会が兼催していた時期には、全国大会が中部本部が当番本部であっても中部本部大会が行われていたのだが、2018年は本部大会は開催されない。その分、中部本部所属の会員の方々は自分の所属会、友好会への出品に力を注げることだろう。そして、当然、第63回全国大会では、地元、中部本部所属会員の方々の出陣が間違いなく増えるであろう。2018年の中部本部所属会員の方々の活躍が楽しみである。

竹内誠司

日々是研鑽
金魚人たちの日常

第62回全国大会、当歳魚で東西大関!!
独特な感性と“飼育力”を持つ作り手！

第62回日本らんちう協会全国大会　当歳魚の部で東大関を獲得した竹内誠司氏の魚。大激戦の当歳魚の部門だったが、誰が見ても"素晴らしい日本一の魚"と思わせる力強さ、そしてバランスの良さを見せていた

今年の大阪、服部緑地公園ウォーターランドで行われた、日本らんちう協会第62回全国大会において、420匹の出陳魚数を数えた当歳魚の部門で、日本一だけでなく、西大関も獲得、第49回全国大会で、愛知県の山田芳人氏が東西大関を獲られて以降、13年振りのとんでもない結果で会場全体をどよめかせた愛魚家が、愛媛県松山市在住の竹内誠司さん(42)である。日本一獲得がどれほど難しいことかは読者の方々なら誰もが解ることだろうが、西大関も獲得するとは、例え魚が素晴らしくても、現在の全国大会では奇跡に近いことなのである。

一匹ずつが審査される日らんの審査で、一次審査時にしっかりと泳ぎ、欠点を見せないことで点数が出る。そして、格付けの6面審査で高い点数を集めなければならないのである。

ここ10年ほどの四国、しかも愛媛勢の戦績は全国大会でも素晴らしいものがある。今回、当歳魚の部門で立行司を獲得された津島洋介さん、日本一を2回獲られている佐藤英朗さん、武下喜一、川本智祥、佐々木勝利の三氏など、他の地域から考えると、「この愛媛勢の強さは、らんちゅうに取り組む考え方、姿勢の次元が違うのかもしれない…」と思わせるところがある。

その愛媛勢では、他にも河本圭司さん、井門　圭さんなど、どんどん力を付けているらんちゅう師が出てきているのである。日本一、東西大関を獲得された竹内さんの取材をしていて、最初に口にされた言葉は、「仲間、みんなが喜んでくれて嬉しかった」という柄にもなさそうな言葉だったのである。実は初めて取材した夜に自分の中で竹内さんについて理解不能だった部分があり、津島、佐藤両氏に

第62回日本らんちう協会全国大会　当歳魚の部で西大関を獲得した竹内誠司氏の魚。ここまで質の上がった全国大会で東西大関獲得とは恐れ入るというか、驚嘆する出来事であった。東西大関獲得は、第49回全国大会での山田芳人氏以来、13年振りの出来事であった

竹内さんのらんちゅう飼育設備は、150×150cmのFRP池が2面、150×130cmのFRP池が4面、130×130cmFRP池が2面をメインである

電話をしたことがある。その時、二度の日本一を獲得されている佐藤さんが「もし、次に愛媛から日本一を獲得する人が出るとしたら竹内誠司」という言葉を聞いていたのである。東西大関が決まった後、会場で佐藤さんと「本当にあなたの言う通りになったね！」としみじみと話していた時を過ごした。

竹内さんがらんちゅうを飼い始めたきっかけは、本誌27号でも紹介したように、佐々木勝利さんがご近所に住んでいた幼馴染みだったことから、佐々木さんが飼っていた会用のらんちゅうを見たことだったと言われる。その後、丹下　常

第49回全国大会で東西大関を獲得された山田芳人さんとの記念のツーショット写真（撮影／鳴海　満）

日々是研鑽
金魚人たちの日常

第62回全国大会に参加された、いわゆる愛媛勢に集まってもらって撮影した記念写真である。全員の清々しい笑顔が「仲間の活躍を心から喜ぶ」ことを表していた。この団結力、それでいてライバル心を持って日々らんちゅうに取り組むからこそ、愛媛勢は全国から注目されているのである

当歳魚

当歳魚

当歳魚

当歳魚

当歳魚

当歳魚　2018年の種オスとして使う予定の魚

当歳魚

当歳魚

当歳魚

当歳魚

当歳魚

当歳魚

当歳魚

当歳魚

当歳魚

当歳魚

さん、川本智祥さんを紹介してもらったそうで、それから本格的ならんちゅう飼育をされ、今年で9年目になる。

竹内さんのらんちゅう飼育設備は、150×150cmのFRP池が2面、150×130cmのFRP池が4面、130×130cmFRP池が2面をメインとされ、仔引きの時期には練り舟を追加で使われる。決して多くの池を使っている訳ではないのである。今年は11腹分を育てられたそうで、主力はそのうちの4腹分を育てられたと言われる。

これまでにも当歳魚の日本一の方の取材を毎年させて頂いてきたのだが、11月3日が終わって、ここまで質の良い当歳魚をゴロゴロ飼っていた人にお目にかかったことはなかった。

竹内さんのらんちゅうの素晴らしさは、その作りの上手さが表現された魚なのである。他の生物飼育経験はほとんどなく、「60cm水槽で普通の金魚やメダカを飼っていただけ、他は特にない」と言われていた。これはもう言いたくはないが、竹内さんの持つ、並はずれたセンスがらんちゅうにハマったとしか言いようがないのである。

らんちゅう飼育歴9年目でここまでの作りは考えられない。「自分は愛媛で津島さんや川本さんから種魚を貰えて、最初

150×150cmのFRP池での当歳魚育成風景。飼育尾数は多めだが、それぞれの魚がそれぞれの特徴を発揮して育てられているのは驚きである

日々是研鑽
金魚人たちの日常

竹内誠司の一日

00:00	
01:00	
02:00	帰宅後、午前2時であっても水換え（水換えは中一日ペース）
03:00	
04:00	
05:00	朝5時起床。給餌開始。
06:00	
07:00	
08:00	
09:00	フードタイマーによる給餌
10:00	
11:00	
12:00	12時給餌。時期に合わせて一日に4～6回の餌やり
13:00	
14:00	
15:00	
16:00	夕方は給餌をしたりしなかったり。
17:00	
18:00	
19:00	夕方から夜にかけて水換え。
20:00	
21:00	
22:00	
23:00	就寝時間不明。
24:00	

竹内誠司

SEIJI TAKEUCHI

1975年愛媛県松山市生まれ。らんちゅう飼育歴は9年。幼馴染みの佐々木勝利氏の池で大会用のらんちゅうを見たことかららんちゅう飼育を始める。やはり近所の川本智祥氏などとらんちゅう談義をしつつ、実力を付ける。決して池面数が多くない環境でその「作りの上手さ」と「審美眼」で魚を作り、見事に日本一だけでなく、東西大関を獲得される。飄々とした性格と妙な明るさを持つ、今後も着実に戦績を残すであろうらんちゅう師である。自営業。

から良い血統をやれたんで恵まれていた」と竹内さん、だからと言って、この池面数で太みのある、しかも泳げる魚を20匹、30匹とは作れないのである。以前、川本さんが、「竹内は真面目にせんのですよ」と言われたが、その飼育方法は以前と変わらず、水換えは夜に行い、餌も夜中にゴン！と入れたりされるそうだ。だが、そんな適当そうな言葉を聞いても、今度は信じない、やはりやることはやっておられたのである。以前、取材させて頂いた時にも、「らんちゅうを簡単なものだなんて思っていません」、「真面目にやろうって思ってます」と言われていたのだが、どうしてもその言葉を信じたくない自分がいたりするほど、竹内さんのセンスは計り知れないのである。らんちゅう飼育に天才などいるはずはないのだが、竹内さんの魚のバランス、泳ぎ、そして欠点があっても魚の良さを見る目は既に完成しているのである。竹内さんは全国大会への出陳は当歳魚の部門だけでなく、二歳魚、親魚での出陳歴もお持ちで、そこも魚の特徴をしっかりと把握していることを証明しているのだと思っている。

62回の歴史を重ねてきた日本らんちう協会全国大会の会場で、おそらく初めての“胴上げ”が行われたのであるが、それを失礼だと感じる年輩者も多かったことだろう。しかし、個人的には、「仲間の数が多い愛媛勢だからこそ“胴上げ”が実現した」とも思っていた。これまでに10人ほどが一丸となってらんちゅう作りに切磋琢磨する仲間を持ったらんちゅう愛好家がいただろうか？だからこそ“胴上げ”が実現したのである。東西大関という偉業、そして立行司までを占めた愛媛勢の頑張りに大目に見ても良いだろう。

当歳魚

当歳魚　全国大会が終わってから、このクラスの魚をゴロゴロ持っているのが竹内誠司さんの凄いところである

尾濱英治

日々是研鑽
金魚人たちの日常

東前頭四枚目の魚を一年飼い込み、頂点に辿り着いた、新進の作り手。

第62回日本らんちう協会全国大会　親魚の部で東大関を獲得した尾濱さんの魚。昨年の第61回全国大会の親魚部門では作り過ぎた感があり、東前頭四枚目だったが、しっかりと一年間飼い込まれて見事に日本一を獲得された。感覚的には二歳魚作りに向いている感じを受け、今後も戦績を積み重ねていかれることだろう

日本らんちう協会第62回全国大会で、親魚の部で日本一を獲得された方が広島県呉市にお住まいの尾濱英治さん(48)である。この日本一を獲得した魚には個人的には尾濱さんと縁がある魚であった。昨年、行われた岡山錦鱗会第60回記念品評大会、その親魚の部で東大関を獲得した魚で、この一匹で、尾濱さんには第61回全国大会に出陳するように無理強いした魚だったからである。尾濱さんは2015年の第97回錦蘭会品評大会で当歳魚大の部で東大関を獲られており、らんちゅう飼育歴は7年目だが、着実に戦績を上げてこられた方なのである。

尾濱さんは以前、ペットショップの店長を勤めていた方で、熱帯魚や甲虫類などの飼育経験をお持ちで、生物全般の知識が豊富な方である。尾濱さんがらんちゅう飼育を始められたきっかけは、金魚を飼っていた方が自宅の一軒隣りに住んでおられ、「魚やるから、バケツ持ってこい！」と言われたことだったそうだ。尾濱さんはペットショップ店長の経験から「錦鯉とらんちゅうは絶対にやらない！」と最初は固辞されたと言われる。しかし、結局は隣人に強制されるように尾濱さんはらんちゅうを飼うことになってしまったと言われる。それから、仲間の橋村健太さんと共に、本格的ならんちゅう飼育を始められたそうである。

尾濱さんのらんちゅう飼育歴は今年で7年目、ご自宅裏手に130×130cmのFRP池4面、125×125cmのFRP池1面、220の練り舟2面、ジャンボプラ舟6面、140

当歳魚

二歳魚

昨年、行われた第60回岡山錦鱗会品評大会で、親魚の部で東大関獲得時の日本一となった魚

昨年、東京で行われた、日本らんちう協会第61回全国品評大会で親魚の部で東前頭四枚目に入賞した時の日本一となった魚。この時は腹を作り過ぎた部分があり、泳ぎが悪かったため、この位置に甘んじたが、見事、一年後に作り直された

当歳魚

当歳魚

二歳魚

二歳魚

の練り舟２面でらんちゅう作りをされておられる。

尾濱さんが昨年やっておられた系統は、浜松系統と沼津系統で、それぞれの特徴を良く表していた。今年は新たに数系統を導入されたそうである。らんちゅうをやるならとネットで色々と調べられた尾濱さん、備後鱗友会と小山敏信さんのことを知られ、小山さんにらんちゅうについての教えを受けたそうである。

「お金がなくても、らんちゅう飼育用の池と餌代、水道代は絶対にケチりませんよ！」と言っておられた尾濱さん、仔引き用の保温するスペースの側面は、廃材も利用して手作りで完成させておられるのである。

実は今年の日らん前、９月末から10月下旬まで、尾濱さんは39℃の高熱で入院、右手の指先から脇の下まで腫れて、「日らんに行けないのではないか？」という時期を過ごされた。元気になられて本当に良かったのである。

実は昨年の岡山錦鱗会の東大関は、前日に「出品すれば優等ははずさない」と自分と尾濱さんで賭けをしたのである。結果は見事過ぎる東大関！それだけ尾濱さんがしっかりと飼い込まれていたので

親魚日本一の表彰を受ける尾濱さん。日らん出陳三回目で見事に日本一を獲得された

尾濱さんの飼育場。ご自宅裏手に130×130cmのFRP池４面、125×125cmのFRP池１面、220の練り舟２面などを使って当歳魚作りをされておられる

尾濱英治の一日

00:00	
01:00	
02:00	
03:00	
04:00	
05:00	
06:00	5時40分起床。すぐに一回目の給餌。
07:00	
08:00	昼勤の場合7時から19時まで仕事。
09:00	8時、奥様が給餌。
10:00	
11:00	
12:00	（フードタイマーを使う時期もある）
13:00	
14:00	14時から15時に奥様が3回目の給餌
15:00	
16:00	（7月からはタイマーを使用して5～6回の人工飼料の給餌。）
17:00	
18:00	
19:00	
20:00	19時30分帰宅後給餌と水換え、水換えは毎日か中一日ペース。
21:00	
22:00	
23:00	※昼勤と夜勤が毎週替わるのでそれに併せた飼育をされる。
24:00	

尾濱英治

EIJI OHAMA

1970年広島県呉市（安芸郡）生まれ。らんちゅう飼育歴7年。全国大会への出陳三度目で初の日本一を獲得。昨年行われた第60回岡山錦鱗会で親魚東大関を獲った魚を更に一年飼い込んでの結果であった。備後鱗友会所属、「当歳魚から親魚まで全てやりたい！」という気持ちをお持ちの人を笑わせることが得意な明るい性格のらんちゅう師。職業は日新製鋼のクレーンオペレーター。

ある。第61回全国大会ではその親魚を作り過ぎて泳げない姿にしてしまっていたのだが、それでも東前頭四枚目に入賞、その時に尾濱さんは「今後はもっと素晴らしい戦績を残されるだろう」と思ったのである。その“今後”が一年後に来るとは、本当に尾濱さんには「おめでとう！」と言いたい。

らんちゅう品評大会の花形は当歳魚だと言われるが、尾濱さんもやはり当歳魚を作りたい方である。しかし、尾濱さんの飼い方、見る目はどちらかと言うと二歳魚、親魚向けのように感じる部分がある。これからも更に精進されて、いずれは“日らん常連”と呼ばれるお一人になられることであろう。来年以降の尾濱さんの活躍がまた楽しみになった。

当歳魚

二歳魚

今年の尾濱さんの当歳魚の群れ。来年の二歳魚用の候補も何匹か見られた。「当歳魚、二歳魚、親魚、全部やりたい！」と言われる尾濱さん、今は欲張ってでも色々と経験を積んでいただきたい

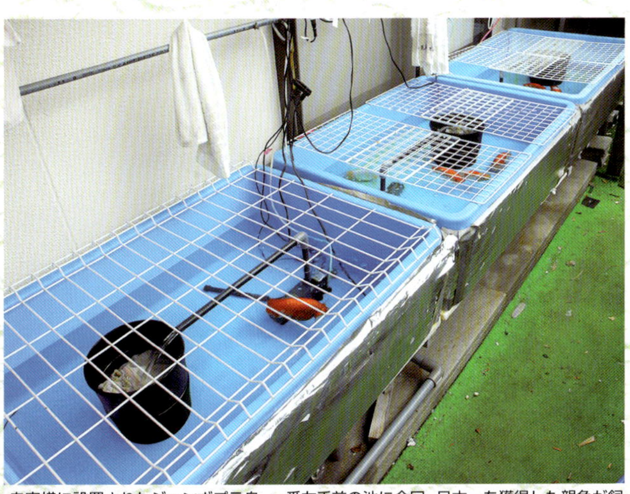

自宅横に設置されたジャンボプラ舟。一番左手前の池に今回、日本一を獲得した親魚が飼われている

榊原英樹

日々是研鑽
金魚人たちの日常

バランスの良い二歳魚で日本一を獲得！
遂に頂点を掴んだ愛知の屈指の作り手。

第62回日本らんちう協会全国大会　二歳魚の部で東大関を獲得された榊原英樹氏の魚。バランスの良い、更紗の色合いも整った目立つ魚であった。榊原さんの目の良さ、作りの上手さで日本一まで持ってこられた魚だと言えるだろう。「長かった…」と言われた榊原さん、しかしすぐに「長いってことはなかったかな、アッという間に過ぎちゃったって感じかな」としみじみと語ってくださった

日本らんちう協会第62回全国大会で二歳魚の日本一を獲得された方は、愛知県武豊町にお住まいの榊原英樹（52）さんであった。表彰式の時、榊原さんと目が合ったのだが、少し安堵した表情で「やっと獲れました」と口にされた榊原さんのお顔が忘れられない。

実は、榊原さんを『金魚伝承』で紹介させて頂いたのは、17号のことであった。ちょうど、日本らんちう協会第53回全国大会において、榊原さんが二歳魚の部で東取締を獲得された翌年のことで、初取材時から、特進の4ページ掲載をさせて頂いた方だったのである。その後も日らんで当歳魚を入賞される時には常に二匹ずつを上げてこられた榊原さん、8年振りの取材とは、ちょっと空き過ぎなのだが、お世辞ではなく、「榊原さんはいずれは再び日らんで優等賞を獲得される方」だと思っていた自分がいたのである。それほど、榊原さんは飼育当初かららんちゅうを見る目が優れていたのである。

榊原さんのらんちゅう飼育歴は22年ほどになると言われる。22年前に山下秀保さんに出会ったことが榊原さんのらんちゅう飼育のきっかけだったそうである。第53回全国大会時は、所属会がなく、三河金鱗会や尾張優魚会、桑名愛錦会などに魚を出品されながら、力を付けてこられたのである。現在では知多昇鱗会という榊原さんの仲間が多数いる所属会も出来たのである。榊原さんは消防署にお勤めの消防士で、榊原さんが勤めておられる消防署では、約10名の方がらんちゅう飼育を楽しんでおられた。野口　弘さん、都築正典さんなど各地の品評会で活躍さ

平成28年度日本らんちう協会中部本部大会で二歳魚の部で西小結となった榊原さんの魚

平成28年度日本らんちう協会中部本部大会で当歳魚大の部で西勧進元となった榊原さんの魚

日本らんちう協会第61回全国品評大会で当歳魚の部で東前頭7枚目に入賞した榊原さんの魚

日本らんちう協会第61回全国品評大会で当歳魚の部で東前頭9枚目に入賞した榊原さんの魚

当歳魚

当歳魚　この魚も二歳で更に良くなりそうである

当歳魚

当歳魚　二歳になった時がまた楽しみな魚の一匹である

れている方も少なくないのである。

榊原さんのらんちゅう飼育設備は、12年前に作られたらんちゅう専用のハウスに、125×125cmコンクリート製のたたき池が5面、140×140cmのFRPらんちゅう池が5面が整然と並べられており、そこで当歳魚を育成されていた。別棟には、主に二歳魚を育成する200×100cmの池が2面、150×100cmの池が1面、120×120cmの池が1面あり、新たに180×120cmで二歳魚、親魚を育成する3面のFRP池が増設されていた。そこで日本一になった魚を育てられたのである。日本一になった二歳魚は、「8月の終わり頃から急に良くなった魚」だそうだ。この日本一の魚ではなく、榊原さんにとって本命魚が別にいたそうで、その魚が調子を崩してしまい、今回の日本一の魚は、「役には入るかもしれない」と思っていた魚だそうだ。

当歳魚作りでも定評のある榊原さん、今年は15腹仔引きされたそうで、「それを

当歳魚

榊原さんのらんちゅう飼育設備は、12年前に作られたらんちゅう専用のハウスに、125×125cmコンクリート製のたたき池が5面、140×140cmのFRPらんちゅう池が5面が当歳魚作りに使われている

榊原英樹の一日

00:00	
01:00	
02:00	
03:00	
04:00	
05:00	5時起床
06:00	6時　　一回目の給餌
07:00	7時半出勤
08:00	
09:00	9時半よりフードタイマーによる人工飼料5回の給餌 ※非番の日にはアカムシ主体で6回の給餌を行う
10:00	
11:00	
12:00	
13:00	
14:00	
15:00	※水換えは非番日に合わせて、当歳魚は中一日で行う。朝6面、夕方4面の水換え。
16:00	
17:00	
18:00	
19:00	
20:00	※勤務は一日おきの24時間勤務
21:00	
22:00	
23:00	
24:00	

榊原英樹

HIDEKI SAKAKIBARA

1965年愛知県武豊町生まれ。らんちゅう飼育歴22年。日本らんちう協会第53回全国大会で二歳魚で東取締など、全国大会でも多くの入賞歴を持つ実力派のらんちゅう愛好家。今年、ついに日本一の頂点を掴んだ。力と品位を兼ね備えた魚作りに定評がある。当歳魚、二歳魚、親魚どの部門でも出陳を視野に入れておられる。知多昇鱗会に所属。職業は、半田消防署（知多中部広域事務組合）勤務の消防士。

全部育てる訳ではなく、同じ会の仲間に分けた」と言われる。たたき池には大きく育てられた立派な当歳魚が群泳していた。その大きさから来年も二歳魚になって良くなりそうな魚はいくらでも見られた。

8年前に榊原さんの目標をうかがってみた時、「当歳魚、二歳魚で日本一を狙いたい！」と言われておられた榊原さん、その目標を見事に達成されたのである。日本一を獲得された実感は「帰宅して寝て、11/5になって感じるようになった」そうである。今後の目標は「当歳魚での優等賞入賞」と口にされた榊原さん、「でもやっぱり3部門で出品していきたい」、「当歳魚がいての二歳魚、二歳魚がいての親魚」とも言われた。今後も榊原さんの魚には注目である。

新たに180×120cmで二歳魚、親魚を育成する3面のFRP池が増設され、ここで日本一となった二歳魚を仕上げられた

当歳魚

二歳魚

当歳魚

大阪府在住

西賀 一郎

西部本部長として第62回全国大会を指揮しつつ、当歳魚で西関脇を獲得した、正真正銘の作り手。

西賀さんの池を泳ぐ当歳魚の群れ。毎年、血統にこだわりながら大会用の魚を作り上げられておられる。当歳魚中心に作られておられ、今年は昨年期待していた種♀が三歳となって西賀さんの思い通りの魚が出たと言われる

2017年、日本らんちう協会第62回全国品評大会で、当歳魚の部で西関脇を獲られたのが、日本らんちう協会西部本部長を務めておられる西賀一郎さん(74)である。あの激戦の当歳魚の部門で、西部本部長の職を持ちながら、きっちりと結果を出される、これは簡単に出来ることではないのである。

この西関脇となった魚を初めて見せて頂いたのは、9月中旬、西賀さんからLINEで送られてきた写真であった。「誰の魚ですか？」と尋ねると、「ウチの魚だ」と言われる。ちょっと驚きながら、「錦蘭会の大会前日か当日の早朝に見せてください！」とお願いしたのである。錦蘭会当日の朝6時に西賀さん宅を訪れ、見せて頂いた時、冗談ではなく、「これ、日らん用

日本らんちう協会第62回全国品評大会で当歳魚の部で西関脇となった西賀さんの魚。420匹が出陳された当歳魚の部門での上位入賞は流石である。11月下旬に左手首を骨折してしまわれた西賀さんだが、「全治3ヶ月だけど、来年の仔引きには間に合う」と、すでに2018年の魚作りを何より楽しみにしておられたのである

ですか？」と伺うと、「これは日らんや！」と言われながら、別の魚を錦蘭会の大会に出品されて、第99回錦蘭会品評大会でも当歳魚大の部で立行司を獲得されたのである。この西関脇になった魚を見ていて、本気で「この魚、日本一になったらどうするんですか？」と尋ねた。「日本一になったら自分の名前を入れるで！」と西賀さん、立場的には第62回全国大会の審査委員長である。「まぁ、人の名前を入れてもいいけどな！」と洗面器に上げて見ておられた。

以前から、「生涯、魚作りは現役！」と口にされる西賀さん、「止まってはらんちゅうの世界から置いていかれてしまう」という考え方をよく口にされるのである。

やはり一般の会員の方にとっては、西部本部長という肩書きは近寄りがたいものになってしまうかもしれない。しかし、らんちゅうを本気でやりたいなら、錦蘭会の行事などに魚を持参され、西賀さんに話しかけてみることをお勧めしたいのである。西賀さんは以前、「らんちゅう飼育はしっかりした人に教えてもらうことが一番、そういった人に教えてもらわなければ、遠回りすることになる」と言われておられた。「せっかくらんちゅうをやるなら、なるべくなら近く廻ること(短時間)が良い」と言われておられたのである。「らんちゅうっていう魚は難しい魚で、らんちゅう作りってウサギとカメの駆けっこみたいところがあって、いくら早く覚えて自分は魚が作れると自慢しても、ウサギのように途中で止まって寝ているようなことをしていれば、追い越されてしまうもの」、「追い越されないように毎日努力すること、それが一番大事、自分がいかに努力するか?が大切なんだ」とも言われておられたのである。「声をかけてもいいけど、品評会の時は忙しいから、7、8月の研究会や5月の春季大会 の時に気軽に声をかけてくれたらいい」と 言ってくださるのである。「教えた人には、なんぼ追い越されてもいいから!」と微笑みながら言われる西賀さんなのである。もちろん、そう簡単に追い越されるつもりはないのだろうが…、魚を前にした時の西賀さんは、本当にらんちゅうを心底お

当歳魚

第99回錦蘭会品評大会において、当歳魚大の部で立行司となった西賀さんの魚。上の日本らんちう協会第62回全国大会の西関脇とは血筋が異なる一匹である

西賀さんの二階に設置された飼育池。一回にはたたき池があるが、当歳魚の本命魚はここ２階の飼育場で育てられている。10月上旬の段階で１舟に５～６匹の魚を入れて飼われていた

好きな表情を見せてくれるのである。それはらんちゅうの審査についても同様で、「審査っていうものは難しい。審査員は会員さんが評価してくれるものなのだから…」と言われる。「60 歳、70 歳でも立場は見習い、現役の審査員であるなら、生涯勉強していかなければならない」が持論の西賀さん、「審査員は偉い存在ではなく、人より何倍も努力しなければならない」と言われるのである。一年間に西賀さんとはかなり長い時間、電話等でもお話させて頂くが、西賀さんほど錦蘭会、日本らんちう協会西部本部を想っている方はおられないのである。

西部本部長として、西部本部の繁栄に尽力されつつ、全国大会出陳を目指す魚作りの現役を大いに楽しむ、その西賀さんも2018年は所属会である錦蘭会が記念すべき百周年を迎える。故光田　実会長の意志を受け継いだ正式な錦蘭会を小林保治会長と共に力を注いでこられた。今年は第6回西部本部大会と兼催となるが、多くの西部本部所属の会員の方に大会を盛り上げていただきたいと思う。

当歳魚

日本らんちう協会第62回全国品評大会で開会の挨拶をされる西賀一郎西部本部長。大会運営を指揮されながら、当歳魚も出陳される、心かららんちゅうをお好きな方である

当歳魚

当歳魚

当歳魚

当歳魚

当歳魚

当歳魚

当歳魚

当歳魚

当歳魚

当歳魚

当歳魚

当歳魚

2017年10月、2016年10月取材／森　文俊、東山泰之

岡山県在住

高尾 昌幸、直美

「今年の高尾夫妻は強い！」、そう言われる中で、きっちりと戦績を残す。

この窓際の池が高尾さんが仕上げる魚を飼育するスペースである。今年はミジンコ採集にも行かれ、しっかりとした魚を作られ、この飼育場を訪れた多くのらんちゅう仲間を驚かせたのである

日本らんちう協会第62回全国大会で当歳魚の部で東関脇、西小結を獲られた高尾昌幸さん（47）、高尾さんを取材するたびに書くのだが、これで、全国大会への連続入賞記録を14年連続まで伸ばされたのである。奥様の直美さんも当歳魚の部で脇行司一、東前頭四枚目ときっちりご夫婦で２匹ずつを入賞させたのである。

８月第一日曜日の岡山錦鱗会の研究会後、９月第二日曜日の品評大会後、参加者の方々が高尾夫妻の飼育場を訪れていたのだが、その誰からも「今年の高尾夫妻は強い！」という話しを聞いていたのである。静岡の安藤　寛さん、愛媛の津島洋介さんなど、多くの若手愛好家、らんちゅう仲間が、「今年は高尾さんにはかな

日本らんちう協会第62回全国大会で、当歳魚の部で東関脇となった高尾昌幸さんの魚。上位入賞魚の中ではやや小振りであったが、その尾型の良さと泳ぎ、バランスの良さで来場者からの注目を浴びていた。高尾さんらしい魚である

わないかもしれない」と思わせる魚を作っておられたのである。

9月第二日曜日、所属される岡山錦鱗会の第61回品評大会の当歳魚の部で東小結と無難なスタートを切られ、10月第二日曜日、東京、観魚会の第129回品評大会では、当歳魚寿の部（小の部）で高尾さんが西大関、取締二、東関脇、直美さんが取締一と上位6匹中4匹を高尾夫妻が占めるという見事な戦績を残されたのである。

2017年はご夫婦で合計28腹を仔引きされ、「今年は順調で、池が足りないぐらいでした」と高尾さん、これだけの池面数があって、「池が足りない…」とは贅沢な話しだが、それだけフ化仔魚の立ち上がりが安定していたのであろう。今年の出来について、高尾さんに尋ねてみると、とても穏やかな表情で（いつも穏やかではあるが）、「少しは前進したのかなって思います」と答えられた。実は全国大会の東関脇になった魚は、大きさとしては他の上位入賞魚に比べると気持ち小振りだったのだが、きっちりとした尾型、そして泳ぎを見せたのだろう。「抑えるところは抑えながら、ドカッと大きくする飼い方は出来ないかもしれないですけど…」と高尾さん、いやいや、今年の魚はとてもアカ抜けた品位のある魚に仕上がっていたのである。この辺がらんちゅう作りの難しいところで、大きくすれば良いというものではない。しかし、高尾夫妻のように全国大会に照準を合わせている場合は、やはり小さくてはいけない。その頃合いが良かったことが、成績となって表れたのであろう。

岡山錦鱗会の第61回品評大会で上位入賞魚の撮影をしていた時、まだ高尾さんの池を見せて頂いていなかったのだが、個人的には、「本気の高尾さんを見るのは、2018年なのではないか？」と思った出来事があった。それは、当歳魚の部で東関脇となった愛媛の丹下　常さんの魚を見て、高尾さんが「これ良いですねぇ」と言われた言葉である。「？？」と思った自分は、高尾さんに「本気で言ってる？」と聞き返したのである。そうすると、高尾さんは「良いじゃないですかぁ」と本気で言われていたのである。その丹下さ

日本らんちう協会第62回全国大会で、当歳魚の部で西小結となった高尾昌幸さんの魚。大激戦だった第62回大会の当歳魚の部で二匹の役魚を輩出されたのだから、素晴らしいとしか言いようがない

日本らんちう協会第62回全国大会で、当歳魚の部で脇行司一となった高尾直美さんの魚。この体の作りは直美さんの作りである

今年もこの飼育池で計28腹の卵を育てられた。「池が足りなかった…」と言われるほど、2017年の高尾夫妻の当歳魚は充実していたようである。2018年の高尾夫妻の飼育場には必ず訪れるつもりである

んの魚はどちらかというと迫力のある、品位より押し出しの効いた魚だったのである。これまで高尾さんの魚を見てきて、迫力を感じたことはあまりなく、尾捌きと品位の魚を作られる方だと思っていたのだが、丹下さんの魚を「これは良い！」と感じられたところに、高尾さんの魚作りへの変化を感じたのである。3年前の本誌27号の取材時に、「去年は“飼い”のペースが掴みきれなくて…」、「今年は去年やった“飼い”のペースを調整できたところがある」と言われていた高尾さん、頭構え、目幅、太みを求めつつ、高尾さんらしい頭構えを追求されておられたことを思い出した。そして、それを作り上げられた年に全国大会で西大関を獲得されたのである。高尾さんの魚作りが高いレベルで完成の域に達したのが今年だとしたら、それに加えて力のある魚を高尾さんが求めるようになったら…どう考えても強いのである。来年の高尾さんの池は絶対に見せてもらうつもりである。

第129回観魚会品評大会で当歳魚寿の部で取締一となった高尾直美さんの出品魚

第129回観魚会品評大会で当歳魚寿の部で東関脇となった高尾昌幸さんの出品魚

当歳魚　見事なバランス、尾型を見せる魚である

当歳魚

当歳魚

第 129 回観魚会品評大会で当歳魚寿の部で西大関となった高尾昌幸さんの出品魚

第 129 回観魚会品評大会で当歳魚寿の部で取締二となった高尾昌幸さんの出品魚

当歳魚

当歳魚

当歳魚

当歳魚

当歳魚　お気に入りの一匹

2017 年 11 月取材 / 森　文俊

静岡県在住

小澤 忠幸

41歳にして魚作りはベテランの域、“沼津に小澤あり”を確固たるものにした作り手。

暖かい日射しが入る、小澤さんの飼育池。2017年10月下旬の池の風景である

今年、行われた第62回日本らんちう協会全国大会において、当歳魚の部で西前頭七枚目に入賞、これで小澤忠幸さん（41）の全国大会連続入賞記録は12年になった。前出の高尾昌幸さんが14年連続入賞の記録を継続されておられるのだが、高尾さんより6歳年下の小澤さんのこの記録も見事なのである。

連続記録が始まったのは、小澤さんが30歳になった時からであり、若手のらんちゅう師が30代で刻んできた記録として、“もう破られないかも知れない”ものである。

毎年､7月頃になると全国各地から魚の出来、不出来の噂が耳に入ってくるようになるのだが、2017年、不思議と小澤さ

日本らんちう協会第62回全国大会で当歳魚の部で、西前頭七枚目に入賞、これで小澤さんの全国大会連続入賞記録は12年になった。30歳の時から始まった連続記録は本当に立派である。残すは「日本一」の座である。近い将来、その位置に登り詰める時が来るのはそう遠くない時のように思える

んの魚について、耳にしなかったのである。「それでも必ず作っている！」最近の小澤さんの魚を見続けていてそれはほぼ確信できることだったのである。

小澤さんの飼育場には150×150cmのたたき池が15面あり、中部本部所属の愛好会で着実に戦績を残されながら全国大会を迎えておられるのである。今年は8月下旬にあった浜松愛魚会の第56回品評大会では小澤さんの名前はなく、横浜観魚会の第107回品評大会も欠席され、「あれ？どうしたのかな？」とは思っていた。

そう思っていた10月第一日曜日、日本らんちう協会中部本部大会で、当歳魚の部で勧進元二に入賞、「今年もしっかり作っているんだ！」とようやく思えた。しかし、副会長を務める観栄らんちう会の第27回大会で当歳魚は役魚を逃し、二歳魚で西取締、翌週の焼津らんちう会の静岡県支部大会でようやく当歳魚で西取締と優等賞に入賞されたのである。「何か例年とは違うような気がする…」そう思いながら、小澤さんの飼育場を訪ねたのが10月27日、日本らんちう協会の全国大会の少し前だったのである。

小澤さんの池を見て、すぐに「なんだしっかり魚はいるじゃない」というのが第一声であった。それでも例年よりは池を泳ぐ魚は少なめで「なるほど、実は魚の出来は良かったんだ！」と理解できた。小澤さんはプロのらんちゅう師として活躍されておられ、2017年の小澤さんの魚の出来が良かったことから、取材前に魚たちは旅立ったようであった。

小澤さんに今年の魚の出来についてを尋ねてみた。「今年は中の上ぐらいですかね」と小澤さん、「魚が安定してきたように感じてます」と言われたのである。「中の上と言えば、悪くないって言ってることだよね」と突っ込むと、「いやいや…」と良いながらも表情は笑顔であった。

小澤さんのらんちゅう飼育歴は今年で15年目を迎えた。まだ年齢は若干41歳、それでいてここまで腕を上げられたのである。今年も例年同様、14腹仔引きされ

日本らんちう協会第61回全国大会で当歳魚の部で東前頭二枚目に入賞した小澤さんの出陳魚

日本らんちう協会第61回全国大会で当歳魚の部で東前頭六枚目に入賞した小澤さんの出陳魚

小澤さんの飼育場は 150 × 150cm のたたき池が 15 面がメインで、二階に種親や二歳魚の飼育場を併設されておられる。いつ見ても管理が行き届いた飼育池が見られる

たそうで、小澤さんの好みのらんちゅうのタイプ「箱形の体形を持っていて、背幅があり、尾筒まで太みが連続する魚」、その姿、形が安定してきた小澤さん、その系統を守りながら、更に前進させていく交配も怠りなく実践されておられるのである。

2017年はこれまでほど品評大会への出品を積極的にされなかった小澤さんがいたのだが、それは「気分的」なところだったそうで、それを聞いて安心した。小澤さんは普段は、無口で物静かな方であるが、らんちゅうの魅力についてうかがった時、「品評会があることが一番！」と答えられておられたのである。物静かな中に闘志を秘めておられる方なので、今年の地方大会で目立たなかった部分が不思議だったのだが、愛好会の副会長ともなると色々と考えなければならないことがあったそうである。

第62回全国大会では前頭に入賞されただけだったが、2018年は小澤さんの所属される中部本部が当番本部となる。名古屋鶴舞公園での第63回全国大会に向けて、今年以上に力を入れて魚を作られることだろう。2018年の小澤さんの作る魚に更に注目していたい。

本年度の日本らんちう協会中部本部大会兼第 106 回錦友会品評大会で、当歳魚の部で勧進元二となった小澤さんの魚

第27回観栄らんちう会品評大会で、二歳魚の部で西取締となった小澤さんの魚。今後は当歳魚の部だけでなく、当歳魚の延長線上にある二歳魚の部門でも小澤さんの出品が増えていくかもしれない

当歳魚

当歳魚

当歳魚

当歳魚

当歳魚

当歳魚

当歳魚

当歳魚

当歳魚

当歳魚

当歳魚

当歳魚

2017年10月取材／東山泰之、森　文俊

岡山県在住

三宅 一共

「品評会で勝てる魚を作る！」、明確な目標を加え、すぐに結果として示した岡山、寄島の作り手。

5年前に増設された150×150cmのFRP池4面、180×180cmのFRP池2面で当歳魚作りをされている飼育場。こちらにも三宅さんらしい当歳魚が泳いでいた

岡山県浅口市寄島にお住まいの三宅一共さん（58）の取材は、これまで本誌の23号、27号で二度、掲載させて頂いている。初めての取材時から、「綺麗な魚を作る人」だと思い、その後も、地元岡山の各品評大会で着実に戦績を上げてこられた三宅さんがいたのである。“綺麗な魚”、“可愛らしい魚”がお好きだった三宅さん、その三宅さんの魚作りに変化を感じたのが昨年の第60回岡山錦鱗会記念大会であった。当歳魚の部で立行司を獲得されたのだが、これまでの三宅さんの魚とはちょっと雰囲気が違っていたのである。

そして、2017年8月に行われた岡山錦鱗会の研究会で、それがはっきりと見て取れたのである。優等三席、優等五席、二

第61回岡山錦鱗会品評大会で当歳魚の部で立行司となった三宅さんの魚。これで大激戦の岡山錦鱗会品評大会で二年連続で立行司となった。三宅さんの実力を明確に示された一匹となった

等二席と3匹を役魚に入れられたのである。岡山錦鱗会の研究会は一回しか行われないこと、他会はあまり研究会を行わないことから、岡山、四国の著名ならんちゅう愛好家が本気で魚を出品してくる研究会で、その中で3匹の役魚とは凄いことなのである。そして8月第四週に行われた第19回倉敷栄蘭会品評大会でも当歳魚の部で西大関、行司二と結果を出されたのである。

すぐに三宅さんに三度目の取材を申し出て、岡山錦鱗会の秋の品評大会前日にお邪魔させて頂いたのである。

今年でらんちゅう飼育歴10年目を迎えられた三宅さんの飼育場は、飼育当初から使われている150×90cmのFRP池が9面、そして5年前に増設された150×150cmのFRP池4面、180×180cmのFRP池2面で当歳魚作りをされておられる。そして3年前に150×150cmのFRP池2面を庭先に置かれ、そこで二歳魚、親魚を飼うようにされていたのである。

今年は10腹仔引きされ、そのうち5腹を本格的に飼育されたと言われる。3年前の取材時には「らんちゅう飼育が楽しくなってきた」と言われていた三宅さん、だが、昨年、今年と勝負に出品される魚のタイプの変化は、「楽しくなってきた…」で作れるものだと思えなかったのである。そのことを尋ねてみると、「らんちゅうを飼い始めてから三等賞、二等賞、一等賞と順調に入賞していた時には感じなかったけど、役魚から初めて落ちて、やる気が出た」と言われるのである。三宅さんは、飼育当初から非凡なセンスをお持ちの方だ感じていたのであるが、"綺麗"あるいは"可愛らしい"魚を好んでおられる部分があった。3年前も変わらず、好きならんちゅうのタイプは「綺麗な魚」と答えられた三宅さんなのだが、役魚から落ちるという初めての経験をされて「やっぱり品評会は結果を出すことが面白いんだ！」と思い直され、本気の飼育、勝つための飼育に変化されたと言われるのである。なるほど、昨年から感じた三宅

こちらが2016年の第60回岡山錦鱗会品評大会で当歳魚の部で立行司となった三宅さんの魚

二歳魚　第19回倉敷栄蘭会品評大会で当歳魚の部で西大関となった魚

三宅さんが飼育当初から使われている150×90cmのFRP池が9面ある飼育場所である。三宅さん好みの当歳魚が群泳していた

さんの魚の雰囲気の変化は、「綺麗な魚」から「品評大会で勝てる魚」という意識が加わったことであった。そして、今年の第61回岡山錦鱗会記念大会では、当歳魚の部で立行司を獲得された。三宅さんの実力がさらに一段上のレベルに来たことを示した魚であった。

三宅さんは寄島地区で牡蠣の養殖業を営んでおられ、牡蠣の養殖は11月から最盛期を迎える。それまでは時間的に多少の余裕はあるため魚作りには恵まれていると言えるのだが、今年は3月からずっと多忙で、選別がなかなか出来ない年だったと言われる。6月になっても毎日水換えをしながら凌がれたそうである。

11月3日の全国大会の日が近づくと、三宅さんの仕事が超多忙になってしまわれる。三宅さんの目標は、「岡山錦鱗会品評大会での東大関！」と言われているのだが、やはり実力者、全国大会での活躍も見る側としては期待してしまうのである。絶対的な魚を持って全国大会でも活躍される三宅さんをいつかは見てみたいのである。

当歳魚

今年は春先から初夏にかけて仕事の方が多忙だった三宅さん、6月でも毎日水換えで凌ぎながら、しっかりと魚を作ってこられたのである。岡山錦鱗会品評大会での二年連続の優等賞獲得は三宅さんの実力をしっかりと発揮された結果である

当歳魚

当歳魚

当歳魚

当歳魚

当歳魚

当歳魚

当歳魚

当歳魚

当歳魚

二歳魚　第19回倉敷栄蘭会品評大会で二歳魚の部で西小結となった魚

二歳魚　第61回岡山錦鱗会品評大会で二歳魚の部で脇行司一となった

親魚　第61回岡山錦鱗会品評大会で親魚の部で西関脇となった

2017年9月取材／森　文俊

静岡県在住

安藤　寛

“原因不明の体調不良”、“見えない壁!?、結果を残しつつ、悔しさもあった一年を過ごす。

第106回錦友会品評大会兼中部本部大会で当歳魚の部で取締二となった安藤さんの魚

2015年に行われた日本らんちう協会第60回全国品評大会において、当歳魚の部門で日本一を獲得された安藤　寛さん(37)である。実は2016年にも安藤さんの飼育場を訪問させて頂き、第61回全国大会で西大関、西小結となった魚の撮影はさせて頂いていたのだが、本誌の31号への掲載は控えさせて頂いたのである。別に全国大会で東大関から西大関となったことは偉業と言えば偉業なのだが、安藤さんは、今後も『金魚伝承』の常連になることは間違いないので、一年、空けた形を取らせて頂いたのである。

安藤さんの飼育場はもうかなり有名になった2014年に完成したメインの飼育場で、がっしりとしたビニールハウスで、

第106回錦友会品評大会兼中部本部大会で当歳魚の部で西大関となった安藤さんの魚。所属会でもあり、中部本部大会が兼催された大会では流石の勝負強さを発揮された

そこにFRP池30面が設置されており、その飼育場が完成したと同時に『安藤養魚場』を設立。生涯をかけ良魚作出を目指す決心をされたのである。

安藤さんが幼少の頃からの生き物好きであったことももう周知のことであろう。静岡県立焼津水産高校へ進学、養殖技術を学ばれ、栽培漁業技術検定1級を取得されておられる。高校卒業後、アマゴの養殖、釣り堀勤務を経て、(株) 清水金魚へ勤務され、会長の清水徹二氏、水野美代治部長に師事、観賞魚全般を学びながら、らんちゅうと出会われたのである。2009年、日本らんちう協会全国大会に初出陣、当歳魚の部門で東前頭19に入賞、実力、センスの片鱗を見せ始めたのである。2011年、錦友会100周年記念大会で当歳魚の部門で東大関を獲得されたのである。

今シーズン、プレッシャーには無縁のように見える安藤さんが「寝られない」、「動悸、息切れがする」という症状を経験され、病院に行かれたそうである。「病院で診察を受けた結果は何もないって言われて…」と安藤さん、原因不明の体調不良という、知らず知らずのうちにらんちゅう作りに健康にまで影響するプレッシャーを感じられていたのである。

安藤さんが今年、仔引きされた腹数は35腹、いつもの通り、35腹全てを育てられたのである。「僕はいつも全部ですよ！得意の！」と笑われる安藤さんだが、ここからは見えないプレッシャーとの戦いの日々だったのであろう。安藤さんは作り手としてその腕前は広く知られているのだが、実は審査側に立った時の“審美眼”も素晴らしく、冷静な目で自分の魚も見つめておられるのである。

2017年11月3日、その一週間前から「日らんが終わるまでお酒は飲まない！」と好きな晩酌も止めたそうである。この禁酒が11月3日の大阪までの道中、そして会場でとんでもないことになるのだが、ここでは書くことを止めておこう。

日本らんちう協会第62回全国品評大会では、当歳魚の部で西前頭六枚目、東前

日本らんちう協会第61回全国大会　当歳魚の部　西小結となった安藤さんの魚

日本らんちう協会第61回全国大会　当歳魚の部　西大関となった安藤さんの魚

FRP池30面が設置された安藤さんの飼育設備。安藤さんを知る人なら、豪快な飼い方をされているように思うかもしれないが、実はじっくりと観察されての細やかな飼育が安藤さんの飼育方法なのである

頭二十三枚目に入賞、420匹が出陳された大激戦の日らんから考えれば、しっかりと結果を残されたのであるが、第60回全国大会で日本一、第61回全国大会で西大関を獲られていた安藤さんにとっては、不満の残る結果だったかもしれない。

今年の安藤さんは初参戦の岡山錦鱗会の品評大会でまさかの入賞逃し、第106回錦友会品評大会兼中部本部大会では、しっかりと西大関、取締二の二匹の優等賞を獲得、第129回観魚会品評大会で当歳魚福の部で勧進元一、当歳魚寿の部で脇行司一と安藤さんにとってはギリギリの戦績だったのである。日らんでの三等魚が役魚にいても全く遜色のない仕上がりだったのだが、これも日らんである。

今年の安藤さん、体調不良から始まり、気分的には不完全燃焼だったかもしれない。しかし、だからと言って安藤さんの評価が変わることはないのである。ずっと順調に来られていた安藤さんに、2017年は“見えない壁”があったのかもしれない。「それでも安藤　寛は安藤　寛！」2017年の悔しさは間違いなく2018年に取り返してくるはずである。逆に言えば、2017年の悔しさが安藤さんをさらに一回り大きくするのかもしれない。

第129回観魚会品評大会で当歳魚寿の部で脇行司一となった安藤さんの魚

第129回観魚会品評大会で当歳魚福の部で勧進元一となった安藤さんの魚

第106回錦友会品評大会兼中部本部大会で当歳魚の部で行司一となった魚

当歳魚

日本らんちう協会第61回全国品評大会で当歳魚の部で西前六枚目に入賞した魚

当歳魚　種オス候補の一匹

当歳魚　種オス候補の一匹

日本らんちう協会第61回全国品評大会で当歳魚の部で東前頭二十三枚目に入賞した魚

当歳魚　第107回横浜観魚会品評大会で当歳魚の部で西関脇となった魚

当歳魚　種♀候補の一匹

当歳魚　種♀候補の一匹

福岡県在住 **東　秀明**

第62回全国大会で当歳魚の部で役魚入賞、三部門全てで活躍することを目標に設定した2017年。

東さんのらんちゅう飼育池。ここに写る池では、主に二歳魚、親魚を育成されておられる

日本らんちう協会第60回全国品評大会で、多くの方々から絶賛された魚で初の日本一を獲得された方が、福岡県前原市在住の東　秀明さん（48）である。今年から日蘭佐賀の新会長になられ、会の運営にも携わっていかれることになった。

東さんの地元九州での戦績は、今更、紹介する必要がないほど、各大会での優等賞獲得者の常連中の常連である。錦蘭会第99回秋季品評大会で親魚の西取締、九州・山口日らん会第20回秋季品評大会で親魚の東大関、西大関、日蘭佐賀第23回品評大会で親魚の西大関、福岡観魚会第37回品評大会で親魚の西大関、二歳魚の東大関、大分県らんちう会第1回秋季品評会で親魚の東大関、立行司、当歳魚の立

日本らんちう協会第62回全国品評大会において、当歳魚の部で行司一となった東さんの魚。東さん自らが仔引き、育成した当歳魚の出陳はこの魚が初めてだったそうで、初出陳初入賞が役魚入賞だったのである。これまでの東さんは親魚、二歳魚での活躍が目立ったのだが、2017年からは三部門での活躍を狙っての飼育の日々を過ごされるのである

行司、西日本金魚愛好会第58回品評大会で親魚の東大関、立行司、熊蘭会第3回品評大会で当歳魚の西大関と優等賞だけでもこれだけの数を獲得されておられるのである。

その東さん、11月3日に行われた、日本らんちう協会第62回全国品評大会では、大激戦の当歳魚の部で行司一に入賞されたのである。「当歳魚の役魚入賞にはもう大満足でした」と東さん、自分で仔引きし、育て上げた当歳魚の出陳は今回が初めてだったそうで、役魚入賞を本当に喜んでおられたのである。

東さんのらんちゅう池は専用の建物を造られた場所で、180×180cmの坪池が6面、150×150cmの池が8面、250×70cmの池が5面、150×70cmの池が5面と合計24面の池でらんちゅうを飼っておられる。今年で佐賀支部に入られて16年、じっくりと二歳、親魚まで育てていく佐賀支部の伝統、その道を東さんは着実に歩んでこられたのである。

実は東さん、らんちゅう飼育当初から仔引きはずっとされていた方で、これまでは基本的に当歳魚での出品は我慢され、二歳魚から出品用に作られるスタイルでやってこられていたのである。「当歳魚で出品して調子が悪くなったり、飛んでしまったりしたらもったいない。それなら我慢して二歳、親で勝負しようという考えが強かった」東さん、しかし、二歳で出品しようと飼っていて途中で死んでしまうこともあり、「それなら当歳魚でも出していこう！」と思われたのが2017年だったのである。東さんが仔引きした当歳魚を出陳されるのは、第62回全国大会が初めてだったと言われる。

今年は合計13腹ほどを採卵、そのうち8腹を残されたそうである。当歳出品向けの魚もいれば、二歳で出世しそうな魚もいる、その見極めをされて出品をされる東さん、来年以降は更に注目なのである。

今年は親魚、二歳魚を全国大会前に落としてしまい、得意とする親魚、二歳魚での役魚入賞を逃されたのだが、先に紹

親魚　多くの賞歴を持った東さんの親魚である

福岡観魚会第37回品評大会で二歳魚の東大関となった東さんの魚。この魚は第61回全国大会で当歳魚の部で日本一となった魚で、吉村友良氏から譲り受けて育てられた魚である。残念ながら全国大会には出陳できなかった

180 × 180cm の坪池が 6 面、150 × 150cm の池が 8 面、250 × 70cm の池が 5 面、150 × 70cm の池が 5 面と合計 24 面の池でらんちゅうを飼っておられる。こちらは当歳魚育成のスペース

介した戦績でも解るように、九州地区での品評会への出品を優先するため、疲労も溜まり、11月3日までに調子を崩してしまう魚が出てしまうのである。

東さんが日らん一本で魚を飼っておられたら、全国大会での戦績をもっと残されてきたのは間違いないのである。その事について伺うと､「来年からはそういったやり方も少しずつ強めていくつもりです。でも古江副本部長など九州の支部の大会でも結果を残すことに意義があるというところもあるので、徐々にですかね！」と東さん、2、3年後を目処に現在の飼育場から新たな飼育場に移転する計画も進んでおり、本気度がさらに増しそうである。

東さんに今後の目標を尋ねてみた。「やはり親魚、二歳魚の部門で全国大会で活躍することですね。そこは変わりません。それに加えて仔引きにも重点を置いて、当歳魚の部門でもコンスタントに結果を残していきたい」と答えてくださった。この3部門での活躍が出来る人は岡山の柏野さん、愛知の三田さん、山田さんなど数えるほどである。近い将来、東さんがそうなっていくのは間違いなさそうである。今後の活躍が楽しみである。

当歳魚

東さんの二歳魚育成風景

当歳魚

当歳魚

当歳魚

二歳魚

当歳魚

親魚

親魚

親魚

親魚

2017年９月取材／森　文俊

岡山県在住

村上 暢彦

新たな飼育環境で3年目、ようやく慣れて、思い通りの魚を作ることが出来た2017年。

第19回倉敷栄蘭会品評大会で当歳魚の部で東大関となった村上さんの魚。2017年8月、9月の村上さんの当歳魚はどこに出品されても上位入賞されていた

岡山県浅口市寄島町にお住まいの村上暢彦さん（43）の取材をさせて頂くのは、本誌25号以来、4年振りのことである。

今年の取材のきっかけは、各地の研究会で東大関を連発されていたからである。4年前の初取材時から、村上さんはバランスの良い魚を作っておられたのだが、今年の村上さんはさらにレベルアップされた魚を作る作り手になっていたのである。まず2017年7月、東部の足柄らんちう会の第一回研究会で東大関を獲得、8月の第二回研究会でも東大関であった。そして8月に行われた岡山錦鱗会の研究会で、優等一席、二席を独占、多くの作り手が本気で魚を出品してくる岡山錦鱗会の研究会は洗面器に上がることも難しく、その

日本らんちう協会第62回全国品評大会において、当歳魚の部で西前頭二十三枚目に入賞した村上さんの魚。バランスの良さが際立った魚である。来年以降、村上さんはコンスタントに結果を残される方なのだろうと今年の取材を終えて思えた

作り手が多数集う研究会での優等一席、二席独占は簡単なことではないのである。ここで「今年の村上さんは強いぞ！」と確信したのである。9月になり岡山錦鱗会の第61回品評大会では惜しくも当歳魚の部で東前頭二枚目入賞であったが、10月第二週、東京、観魚会の第129回品評大会では、当歳魚福の部で立行司、取締一と二匹の優等賞を獲得されたのである。

村上さんは3年前にらんちゅう飼育用のハウスを新設され、4年前の飼育環境とはガラッと変わっていた。ハウス内には180×120cmのFRP池が6面、180×90cmのFRP池が3面、ハウスの外に150×100cmのFRP池が4面と計13面の池を使って当歳魚作りをされるようになっていたのである。また、二歳魚、親魚を育成する池はご自宅前にあり、150×120cmのFRP池2面を使って、二歳魚、親魚作りも楽しんでおられた。

この新ハウスを作られてから、新設備に不慣れなところもあり、一昨年は産卵が上手くいかなった年となり、昨年はエラ病が出て、思うような魚作りが出来なかったそうである。経験からハウスに換気扇を付けて蒸れを解消、各池の陽射しも考慮した飼育方法が出来るようになったと言われる。「今年はやっとハウスの使い方を体得して、思い通りの魚作りが出来るようになった」と言われた村上さん、それが結果となって表れたのである。

今年、村上さんが採卵されたのは4腹だそうだ。その各腹に3匹のオスで授精されたそうで、タイプ的には4腹×3で12腹分ということにされたそうである。今回、村上さんの取材時に話を聞いている時、「村上さんは魚作りだけではなく、古い本などを読んで勉強されてこられた」という部分が印象的であった。以前の取材時には「太みのある魚が好み」と言われていたのだが、今回見せて頂いた当歳魚は、太みだけではなく、尾捌き、尾構え、そして品のある魚に仕上げられていたのである。日本らんちう協会第62回全国品評大会では、当歳魚の部で西前頭二十三枚目

第129回観魚会品評大会において、当歳魚福の部で取締一となった村上さんの魚

第129回観魚会品評大会において、当歳魚福の部で立行司となった村上さんの魚魚

村上さんのらんちゅう飼育設備。3年前にらんちゅう飼育用のハウスを新設され、180×120cmのFRP池が6面、180×90cmのFRP池が3面、ハウスの外に150×100cmのFRP池が4面と計13面の池を使って当歳魚作りをされておられた

の入賞であったが、もちろん、上には魚が乗っていたのだが、村上さん的には自由に当歳魚を作れた初年度で結果が出た部分に満足されていたのではないかと思えた。今年、ようやくペースを掴まれた村上さん、来年は魚作りに今年以上に専念できるのが確実だからである。

村上さんの目標を伺ってみた。すると、少し考えられてから、「目標が日本一じゃないのは自分の中にあります」と村上さん、「？？？」と思っていると、「目標の中にはありますけど、日本一は狙って獲れるものではないですから」と言われた。確かに全国大会というものは、誰もが日本一を目指して出陳してくる魚との勝負で、審査が終わって、結果が出た時に解るというもの、そこではなく、村上さんは、自分の目指す魚を作り続けることを明確な目標にされているということなのだろう。「らんちゅう界を盛り上げたいですよね！もっともっと活気のあるものにしたいですよね」と村上さん、品評会があることがらんちゅうの魅力と言われていた村上さんが、もっと仲間との輪を大きくして楽しんで競い合いたいと思っての言葉であろう。村上さんは、来年以降、必ず結果を残されることだろう。

当歳魚育成池

昨年、一昨年とハウスの環境にまだ慣れていなかったこともあり、村上さんは魚作りが思うようにいかなかったそうだが、今年は蒸れ対策も講じ、陽当たりも考慮され、思い通りの飼育が出来るようになったと言われる

当歳魚

当歳魚

当歳魚

当歳魚

当歳魚

二歳魚

当歳魚

当歳魚

当歳魚

二歳魚

二歳魚

当歳魚

2017年9月取材／森　文俊

広島県在住 **岩下 孝広**

“作りの上手さ”“眼”の良さを持って、魚作りに励む、実力派のらんちゅう師。

日本らんちう協会第62回全国品評大会　二歳魚の部で見事行司二となった岩下さんの魚。日らんで初めての入賞、初の役魚を獲得されたのである

岡山、広島の愛好会で着実な戦績を残してこられた方が、ここに紹介させて頂く、広島県因島市にお住まいの岩下孝広さん（63）である。

岩下さんのお名前は以前から存じていた。一昨年の第59回岡山錦鱗会品評大会で当歳魚の東取締、昨年行われた第18回倉敷栄蘭会品評大会で当歳魚の東大関、岩下さんが所属されている備後鱗友会第63回品評大会で当歳魚で東大関など、岩下さんの戦績は年々、記憶の中で増えてきていたのである。広島県福山市在住の石田一男さんに連絡してもらうと、本誌の取材を快諾くださり、石田さんと共に、しまなみ街道を走り、因島の岩下さんの飼育場に到着した。

日本らんちう協会第62回全国品評大会で、当歳魚の部で東前頭二枚目に入賞した岩下さんの魚。三度目の出陳で入賞に辿り着かれたのだが、岩下さんの作りと"眼"があれば、今後はより上位を望めることだろう

ご自宅横に作られた岩下さんの飼育場には、160×110cmのFRP池が8面、150×110cmのFRP池が3面、140×110cmのFRP池が2面、180×90cmのFRP池が1面、150×90cmのFRP池が4面の合計18面の池をメインにらんちゅう飼育を楽しんでおられる。

岩下さんのらんちゅう飼育歴は今年で8年目だそうで、「らんちゅうそのものは昔から頂いたものを飼っていました。備後鱗友会に入り、本格的に飼い始めてから8年ぐらいです」と岩下さん、品の良い魚がお好きだと言われる。今年は9腹仔引きされたそうで、そのうちメインで飼育されたのが5腹分だそうだ。岩下さんはフ化して三週間までは一切選別をされない方法を取っておられる。そして最初の選別で良い魚を300匹、良い腹の時には400匹を拾うそうである。「二回目でいなくなっちゃう腹もありますけどね」と微笑みながら話される。岩下さんの池を見せて頂くと、本当に隅々まで池を洗っておられる気配りが感じられる。取材時は一つの池に4〜6匹にされて当歳魚を作られていた。らんちゅうの選別、飼育に関しては「我流です」と言われる岩下さんだが、どの魚を見ても、きっちりと泳ぎ、尾型も良く、バランスの良い魚ばかりなのである。そして、何より、岩下さんのらんちゅうを見る"眼"が良いのである。撮影時に一匹、一匹の魚を見せて頂いた時、その一匹ずつの特徴を冷静に話されたところや、各品評会での入賞魚の印象の話しになった時も、それぞれの特徴をよく覚えておられたのである。この"審美眼"の良さは岩下さんの持って生まれたセンスの良さがあってのことだろうと感じた。

岩下さんは品評会への出品を積極的にされておられ、「行けるところには全部行くようにしている」そうである。品評会の会場では岩下さんが奥さんと一緒におられる姿をお見かけするのである。

岩下さんにとってのらんちゅうの魅力を伺ってみた。「魅力ですか？思うようにいかないところですかね」と岩下さん、今

当歳魚　岩下さんのお気に入りの一匹で、撮影をしていた時も「良い魚だ！」と感じられた当歳魚であった

第59回岡山錦鱗会品評大会で当歳魚の部で東取締になった岩下さんの魚。この魚はとても印象的な魚であった

岩下さんの飼育場には、160×110cmのFRP池が8面、150×110cmのFRP池が3面、140×110cmのFRP池が2面、180×90cmのFRP池が1面、150×90cmのFRP池が4面の合計18面の池が設置されている

年の当歳魚は、岩下さんが好きだと言われる品の良い魚というより、体の幅があり、力強さが感じられる仕上がりになっていた。また、二歳魚育成にも力を入れておられ、取材後にあった第42回玉野錦鱗会品評大会では二歳魚で優等一席（東大関相当）を獲られた。

11月3日、大阪で行われた日本らんちう協会第62回品評大会では、二歳魚で行司二、当歳魚で東前頭二枚目に入賞、この入賞が岩下さんにとって日らんでの初入賞となった。これまで大阪開催の日らんに第59回、第56回と二度の出陳はされていたそうだが、三度目の出陳で遂に入賞されたのである。感想を伺うと、「やっぱり嬉しかったです」と岩下さん、実は着実に、そして確実にらんちゅう作りの腕を上げておられたのである。岩下さんは、今年の当歳魚を来年は二歳魚に仕上げられるだろうし、また2018年の当歳魚は、今年以上にきっちり仕上げられることだろう。岩下さんは、今後、必ず、日らんでも着実に入賞され、注目される魚を作られる愛魚家だと強く感じた。

取材時は一つの池に4～6匹にされて当歳魚を作られていた

第18回倉敷栄蘭会品評大会で、当歳魚の部で東大関となった岩下さんの魚。今年の魚より品の良さがあったが、2017年版の岩下さんの当歳魚はより品評会で強い魚に変化していたのである

当歳魚

当歳魚

当歳魚　来年が楽しみな魚である

当歳魚

当歳魚

当歳魚

当歳魚

当歳魚

当歳魚

2017年10月取材/森　文俊

三重県在住

林　万貴

第62回全国大会、二歳魚で2匹の優等賞獲得！中部本部大会などで着実に戦績を刻む、志摩の作り手。

林さんの飼育池　こちらは120×120cmのFRP池24面、150×150cmのFRP池5面が整然と並べられた飼育場。ここで主に当歳魚を育てられている

日本らんちう協会東部本部、中部本部では、毎年12月になると、協会のらんちゅうカレンダーが配布される。そのカレンダーには日らんの役魚を始めとするメジャーな品評大会の優等魚が掲載される。2018年版で5作目になるのだが、その5作全部に入賞魚が掲載されている方は、東京の齋藤一成さんと、ここで紹介する三重県志摩市にお住いの林　万貴（はやしかずき）さん（45）である。2018年版のカレンダーでは、実に6個体の林さんの魚が掲載されているのである。

日本らんちう協会第62回全国品評大会では親魚で西小結、二歳魚で取締一、取締二の2匹の優等魚を獲られ、日本らんちう協会中部本部大会兼第106回錦友会品

日本らんちう協会第62回全国品評大会で、二歳魚の部で取締一となった林さんの魚。戦力ダウンの年にしっかりと作り込まれた魚で見事に優等賞に入賞された

評大会では、親魚の東大関、行司一、二歳魚では取締一、取締二と見事な戦績を残されたのである。さぞ、恵まれた一年を過ごされたのだろうと思いたくなるのだが、実は最もやる気がなくなっていた2017年だったのである。

それは2016年の冬から2017年の春先まで、イタチの襲撃を半年近く受けていたのである。「最初にやられたのが、大会用の親魚に育てようとしていた二歳魚10匹を丸ごと失った」と言われるのである。昼間の二時間ほどの間にいきなり期待の二歳魚が10匹いなくなったのである。「最初は誰かが盗みに来たのか？って思いましたけど、一番奥の池だし、何が起こったのか全くわからなかった」そうである。イタチの食害だと判ってから、イタチをトラップで捕獲、合計5匹のイタチを捕獲されたのである。結局、5匹のイタチを捕獲するまで、合計50匹のらんちゅうを失われたのである。

「それだけやられたら、もう戦力になる魚がいない…」と林さんは完全にテンションが下がってしまったのである。普通ならヒーターを入れて3月から仔引きを始められる林さん、「全く気が乗らずにヒーターも入れなかった」そうである。「2017年は一年、らんちゅうを飼うのを止めようかと思った」そうである。結局、仔引きは21腹されたのだが、全くエンジンが掛からず、ダラダラと飼っていただけだったそうである。「毎日、飼育場に行くのが嫌になっていた。また襲われているんじゃないか？って思ってしまったんで」と林さん、まず最初にベストの10匹の二歳魚をやられてしまっては、その気持ちも当然である。特に親魚で上位入賞することを目標にされている林さんにとっては、またあと二年、当歳魚を飼わなければならないのである。取材時に当歳魚の池を見て、「あれ？例年より小さい」と感じたのは、出だしからの遅れだったのである。外見は大男なのだが、意外に繊細だったりしたのである（笑）。

8月中旬になり、残っていた二歳魚を飼

日本らんちう協会第62回全国品評大会で親魚の部で西小結となった、林さんの魚。この魚は中部本部大会で親魚の東大関となった魚でもある

日本らんちう協会第62回全国品評大会で二歳魚の部で取締二となった、林さんの魚らしい色合いをした魚

120×120cmのFRP池24面の風景はもうお馴染みになってきている。イタチの襲撃を受けたのはこの飼育場ではなく、ご自宅裏手に設置された約20面ある二歳魚育成用の池であった

い始めたそうで、親魚も襲撃を免れ、生き残った4匹だけを飼われたそうである。「結果が出てみて、2017年は良い勉強になった」と林さん、「懸命に飼えば、魚が出来る」ことを学んだ一年になったと言われるのである。実際、日らんの二歳魚ではこれまで結果が出なかったと言われる林さん、第62回大会はこれまでで最高の結果となったのである。

中部本部大会では、審査員も経験された。林さんの"眼"は個人的には相当良いと思っているのだが、ようやく、中部本部大会で審査をされたのである。「2018年はまたやる気を出そうと、庭に小さいビニールハウスを作った」と林さん、2018年は今年の日らんの優等魚が二匹いるし、数が残った当歳魚が二歳魚へと成長してくる。獣の襲撃は本当にらんちゅう愛好家の心を折るものだが、これを糧にまた林さんは新たな一年を迎えられるのである。らんちゅうカレンダーの連続掲載記録も懸かっているし、また本気で魚を飼う林さんがいるに違いない。2018年の林さんの魚を見るのが楽しみである。

小濱さん宅でプードルを抱かせてもらって妙に喜ぶ林さん

日本らんちう協会中部本部大会で審査員に入られた林さん

当歳魚

当歳魚

二歳魚　良い尾型である

二歳魚

二歳魚

当歳魚

当歳魚

当歳魚

当歳魚

当歳魚

当歳魚

当歳魚

2017年10月取材/森　文俊

愛知県在住

伊藤 孝広

山田会長の日本一獲得を目の当たりにされ、「自分もその位置に！」を目標に魚を作る。

第23回尾張優魚会品評大会 当歳魚大の部で西大関となった伊藤さんの魚（写真／東山靖章）

愛知県犬山市にお住まいの伊藤孝広さん（44）、昨年、行われた平成28年度日本らんちう協会中部本部大会兼第22回尾張優魚会品評大会で、当歳魚大の部で東大関を獲られたことが鮮烈な印象であった。その大会では、同じ当歳魚大の部で行司一も獲得されていた。その東大関獲得の印象を伺うと、「嬉しいことは嬉しかったです。魚に運があったんだと思います」と答えられる伊藤さんがいたのである。

取材時、伊藤さんの魚は病み上がりの時期だったので、絶好調時の魚の写真ではないものもあるのだが、しっかりと伊藤さんらしい魚を作っておられた印象は十分に受けた。今年も伊藤さんは、第23回尾張優魚会品評大会で当歳魚大の部で

昨年行われた、日本らんちう協会中部本部大会兼尾張優魚会品評大会において、当歳魚大の部で東大関となった伊藤さんの魚。「魚に運があったんです」と伊藤さんは言われていたが、いやいや、伊藤さんがしっかりと作り込まれたからこその評価であった

西大関、当歳魚小の部で東小結、第62回三河金鱗会品評大会で当歳魚大の部で東小結、当歳魚小の部で西取締と結果を残されたのである。

伊藤さんのらんちゅう飼育歴は今年で10年目、中学生の頃に少し熱帯魚飼育経験はあったそうだが、金魚に触れるのは、金魚すくいで大きな出目金を掬ってきて飼い始めたのが最初だったと言われる。「その出目金が卵を産み始めたことをきっかけに弥富の金魚店に行ったんです」と伊藤さん、そこで「らんちゅうが金魚の王様」という話を聞き、インターネットでらんちゅうについて検索、閲覧をされたそうである。そこで愛知県がらんちゅうが盛んだということを知り、さらに検索しているうちに、山田芳人さんのホームページに辿り着いたそうである。2007年に尾張優魚会を見学、翌年2008年、日本らんちう協会第53回全国品評大会で、山田さんが“ヘッドライト”と呼ばれた当歳魚で二度目の日本一を獲得される場面を目の当たりにされたと言われる。「その時は感動して、本当に凄いな！って思いました」と伊藤さん、「これは是非、自分も味わってみたいと思いました」と続けられ、その翌年から尾張優魚会に入会されたそうである。

伊藤さんの飼育設備は自宅の横に作られたらんちゅう飼育専用のスペースで、そこに135×135cmのFRP池を5面、150×90cmのFRP池を1面の計6面でらんちゅう作りを楽しんでおられた。実は去年、中部本部大会で東大関を獲られた伊藤さんだが、その前に3年間、仕事の関係でらんちゅう飼育を休止された時期がある。そして本格的に再開されて、現在に至っているのである。2016年は自らは仔引きせずに、尾張優魚会所属の林　達夫さんから無選別の針仔を貰って飼われた伊藤さん、2017年は3腹を育てられたのである。

伊藤さんにとってのらんちゅうの魅力を伺ってみた。「やっぱり品評会があって、勝負が出来るところが好きです！」と

第23回尾張優魚会品評大会　当歳魚小の部で西脇行司となった伊藤さんの魚（写真／東山靖章）

第23回尾張優魚会品評大会　当歳魚小の部で東小結となった伊藤さんの魚（写真／東山靖章）

伊藤さんの飼育設備は自宅の横に作られたらんちゅう飼育専用のスペースで、そこに135×135cmのFRP池を5面、150×90cmのFRP池を1面の計6面で主に当歳魚作りを楽しんでおられる

伊藤さん、好みのタイプをお聞きすると、「吻端が効いていて、太みがあって、止めが良くて、泳いでいく後ろ姿が格好良い魚！」と答えられた。思い出に残っている魚は伊藤さんが津島愛錦クラブの品評大会で当歳魚で立行司を獲った時の魚だと言われる。調べてみると2011年に行われた第55回津島愛錦クラブの品評大会でのことで、尾型の良い、体の幅以上に背から尾筒にかけての太みがある魚であった。実はその雰囲気は2017年に伊藤さんが育てられていた当歳魚からも感じることが出来たのである。

山田さんの二度目の日本一を目の当たりにされた伊藤さん、伊藤さん自身は山田さんが三度目の日本一を獲られた第57回全国大会で初めて二歳魚の部で西前頭十二枚目に入賞されたのである。

仕事の方も落ち着かれ、日曜日も動けるようになってこられた伊藤さん、目標である“日本一”に向かって、再始動を始められたのである。作りの上手さ、特に尾型の作りに才能がある方だと感じ、近い将来の活躍が楽しみになったのである。

当歳魚

飼育水の管理は良く、当歳魚たちが軽やかな群泳を見せていた。3年間のブランクがあった伊藤さんだが、2017年から再び、本気モードでらんちゅう作りに取り組まれていくことだろう

当歳魚

当歳魚

当歳魚

当歳魚

当歳魚

当歳魚

当歳魚

当歳魚

当歳魚

2017年10月取材／森　文俊

静岡県在住

鈴木和也

「みんな頑張っているのだから、自分も頑張る」仲間との競い合いを糧に精進する若手

観栄らんちう会第 27 回品評大会　当歳魚の部　東大関

昨年数々の成績を残され、初めて参加した第61回日本らんちう協会全国品評大会でも当歳魚前頭を獲得された鈴木和也さん（45）、日らんの洗面器に乗ったものの、その位置には嬉しさよりも悔しさを滲ませておられ、「来年はもっと上を」とおっしゃっていた。そして今年、豊橋優遊会で行司三、横浜観魚会で取締二、中部本部大会であった錦友会で立行司、観栄らんちう会で東大関と西関脇、そして静岡県支部品評大会であった焼津らんちう会で東大関と取締一と、参加された品評大会すべてでしっかりと見事な成績を残された。そうした成績から今年もお伺いさせていただくことにしたものである。10月15日、静岡県支部品評大会へご一緒

第62回日本らんちう協会全国品評大会
当歳魚　東前頭18枚目
鈴木さんの魚らしいシルエットと力強い素直な泳ぎを見せる魚であった

するため、その帰りに寄らせていただくことにしたのだが、その日は朝から雨が降っており、大会はもちろん、お伺いしたのも雨の中になってしまった。

昨年は倉庫二階のハウス内で魚を見せていただいたが、今年は屋外のたたき池から魚をあげていただいた。ここは会用の未使用魚に使われており、この時には日らんを控えた魚がいたものであった。今年の鈴木さんの魚は各地の品評会で見ていたが、すっきりとした泳ぎを見せるシャープな印象を受けることが多かったのであるが、控えていたのはよりその特徴が洗練された魚と、太みのあるがっしりとしたタイプの魚とが見られた。どちらも鈴木さんの魚らしい素直な力強い泳ぎをしており、このままの状態をキープしておけば問題ないくらいの仕上がりを見せていた。そして結果としては上の魚が第62回日本らんちう協会全国品評大会で当歳前頭東18枚目に入賞したのであった。昨年よりは番付をあげられたことは好材料ではあるが、まだ上には上が数多くいる。この結果を糧にさらに上を目指す鈴木さんであった。

今年の仔引きは3月下旬から始めるつもりで、種魚は1ヶ月前の2月下旬に起こしたそうだ。種には特徴のある魚を選ぶようにされており、他の人だといらないと判断するような魚でも、ご自分が納得いく点があれば使うようにされている。冬の間はさほど濃い青水にもしていなかったそうで、暖かい日に赤虫をパラパラとあげる程度にしていたが、二階のハウスは日当たりがよいことで温度が上がりやすく、3月中旬頃から生み出したという。そして3月下旬までの間に10腹ほどを採り、切り上げられた。種魚の状態から、「採ろうと思えばまだ採れただろうけど、スペース的に採りすぎても扱えないので」と、控えられたそうだ。

選別は20日目くらいを目安に1回目を行うが、よいと思う魚を拾っていくやり方をされており、この時点である程度の手応えを感じられているそうである。仕

平成29年度静岡県支部品評大会　当歳魚の部　東大関

平成29年度静岡県支部品評大会　当歳魚の部　取締一

150のたたき池が3面並ぶ。ここは主に大会を控えた魚たちが収容され、使った魚とは隔離された形になっている

事をしているため、選別作業は帰宅してからの夜2時間と決めておられる。夜にライトを点けて行うので、見やすい光の強さや色合いを求めて色々変えてみたそうだ。それでも一番は「午前中の光が見やすいですね」と笑っておられた。しかも「夜に倉庫の中でライトつけて下向いている姿は、周りから見たら変人ですよね」と感じられているが、休みの日に合わせたら遅くなってしまうこともあるので、避けられない作業とされていた。選別の際は尾は見るが、なんとなくの感覚で選んでおり、20匹程度を掬ってそこから拾うので、総数も厳密には決めておられない。その後、色変わりくらいまではひと池で多めに飼われるようにされていた。

「目標は高く持ちたい」とおっしゃる鈴木さん。「周りの皆が頑張っているのだから、年数の少ない自分はもっと頑張らないと。やることをやるしかないです」とおっしゃり、競争の世界だが趣味ということで多くの仲間と楽しく競っていきたい思いも強く持っておられた。実質的な飼育は二年目になる鈴木さん、ご自分の飼育ペースもつかめてきて、去年より今年、今年より来年と更なる高みを目指されることだろう。

10匹以上入っているが、どれもしっかり太みがあった

倉庫の屋上を友人と共に改造されたお手製のハウス。FRP150角が3面、150×130が2面使われている。昨年話されていた暑さ対策の通気用窓はまだできていなかったが、今年の夏もなんとか無事に過ごせたそうだ

当歳魚

当歳魚

左の胸ビレの色が飛んでしまったのが心残りだが、体はしっかりと作れたという１匹

当歳魚

当歳魚

平成２９年度中部本部大会　当歳魚の部　立行司

横浜観魚会　第１０７回品評大会　当歳魚の部　取締二

当歳魚

当歳魚

2017年10月取材／東山泰之

静岡県在住 川合 実次

観栄らんちう会の会長職となって三年、2017年、順調な仔引きをされ復活した作り手。

川合さんのらんちゅう飼育池は、屋上に作られたガラスハウスの中にある。陽の光も十分に入る絶好の飼育設備である

静岡県三島市にお住まいの川合実次さん（64）は、3年前に観栄らんちう会の会長職を飯島紳一前会長から引き継がれ、また日本らんちう協会中部本部の理事及び総本部審査員の職も同時にされておられる。川合さんは本誌第5号、21号で訪問させて頂いている。特に総務職の一つとして日本らんちう協会中部本部の会員名簿の管理をされるようになられ、全国大会のコード管理、日らんの会報作りの際は、きっちりと整理されて会員名簿が送付されてくるようになり、非常にスムーズに作業が進むようになった。

川合さんのらんちゅう飼育池は、以前にも紹介した、屋上に作られたガラスハウスで、飼育池は、150×150cmの池が4

第26回観栄らんちう会品評大会で、親魚の部で西大関となった川合さんの魚。目先、幅のある二歳魚、親魚を作ることは川合さんの得意とするところである

面、150×160cmの池が3面あり、当歳魚の育成に使われておられる。ハウスの外には150×150cmのFRP池が1面、170×100cmのFRP池が1面、150×120cmのFRP池が1面あり、170×100cmのFRP池は二歳魚、親魚作りに使われるために用意されている。

「今年、やっとまともに採れた」と川合さん、「ここ5年ほどは針仔が調子悪くなってしまうし、種親が産まなかったりと苦労していた」と言われるのである。特にここ5年ほどはフ化して二週間ほどで稚魚が調子を悪くする状態だったそうで、今年、6腹仔引きされ、メインとして飼育する2腹を確保されたのである。

川合さんのらんちゅう飼育歴は28年になる。きっかけは、息子さんが小学校5年生の時に飼育係をしていたそうで、夏休みの間は飼育している生物を預かることになり、夏休みの間は川合さん宅にいたものが、夏休みが終わると金魚は学校に持ち帰られてしまうので、ちょっと寂しい感じがして、水槽でらんちゅうやオランダシシガシラを飼い始めたことだったそうだ。

川合さんのご近所に「らんちゅう専門」と書かれた看板があることに気付かれた。そこが「観賞魚センターKAWAGUCHI」で、オーナーの川口さんのところに通うようになられ、本格的ならんちゅう飼育を始めたと言われる。「らんちゅうの世界に足を踏み入れるなら、相応の覚悟が必要だ」と川口さんに言われたそうで、その言葉に川合さんは本気でらんちゅう飼育に取り組まれるようになり、水換えから採卵の方法に至るまで、徹底的に川口さんから飼育の基本を教わったという。

「年をとってもらんちゅうは出来そうっていうところも魅力かな？」と言われていた川合さん、川合さんのお父さんが錦鯉を飼っておられたことも影響してか、インコや文鳥といった小鳥、ウサギや犬などの飼育経験を経て、今はらんちゅう一本でやっておられるのである。

川合さんの好みのらんちゅうは、いわ

第27回観栄らんちう会品評大会で、二歳魚の部で西小結となった川合さんの魚。川合さんは当然、当歳魚でも上位入賞を狙っておられるのだろうが、二歳魚作りが上手い人だと以前から感じていた

第27回観栄らんちう会品評大会で、親魚の部で行司一となった川合さんの魚

屋上に作られたガラスハウスの川合さんの飼育設備には、150 × 150cm の池が４面、150 × 160cm の池が３面あり、当歳魚の育成に使われておられる

ゆる中寸と呼ばれるやや長手のタイプで、豪快な魚がお好きだと言われる。川合さんは、浜松の故竹内辰男さんの系統を大切にされておられたのだが、最近は鈴木和男さんの系統やいつも一緒に行動している小澤忠幸さんとも魚のやりとりをされておられる。

川合さんが日本らんちう協会第44回全国品評大会で、二歳魚の部で東取締を獲られた魚は「竹内さんから当歳魚で譲っていただいて育て、錦友会品評会で脇行司二、その後の日らんで優等だったんで、これで自分の作る魚が見えてきた」と川合さん、2017年の平成29年度中部本部大会兼第106回錦友会品評大会で親魚の部で取締一に入賞され、再び、2017年、頂点を目指す飼育のきっかけを作られたのである。以前に川合さんが「それは日本一を獲ることですよ、二番じゃ嫌ですよ」と明確に言われたことを思い出した。以前はバリバリの会社員だった川合さん、今は仕事も定年退職され、時間的にも余裕が出来たようである。以前、お好きだと言われていた“豪快な魚”、そういった魚が、2018年、新たな当歳魚と共に、撮影させて頂いた当歳魚から明け二歳魚となった時に出てくるように思えた。

川合さんのたたき池を泳ぐ当歳魚たち

平成29年度中部本部大会兼第106回錦友会品評大会で親魚の部で取締一になった川合さんの魚。第27回観栄らんちう会品評大会で、親魚の部で行司三となった。二週連続での出品であった

当歳魚

当歳魚

当歳魚

当歳魚

当歳魚

当歳魚

当歳魚

当歳魚

当歳魚

2017年10月取材／森　文俊

岡山県在住 **難波 康宏**

着実に魚の見方、魚作りの腕、眼力を上げ、自身の魚に確信を持った岡山の実力派。

難波さんの屋外の飼育場。ここでも当歳魚が飼われていた

2017年に行われた日本らんちう協会第62回全国品評大会で当歳魚の部で西前頭五枚目、第99回錦蘭会品評大会で二歳魚の部で立行司、第61回岡山錦鱗会品評会で当歳魚で勧進元二と、着実に戦績を上げてこられた岡山の作り手のお一人が、難波康宏さん（54）である。難波さんの本誌での取材は21号が最初であった。

その時から6年が経過していたのだが、以前から使われている150×90cmのFRP池が3面、140×80cmのFRP池が1面、その他、難波さん手作りの120×120cm、180×120cmなど合計14面の池はそのままに、5年前に自宅奥に新たならんちゅう飼育室を作っておられた。180×120cmのFRP池が1面、180×130cmのFRP池が

日本らんちう協会第62回全国品評大会に於いて、当歳魚の部、西前頭五枚目に入賞した難波さんの魚。今後は地元、岡山錦鱗会や玉野錦鱗会の大会だけでなく、全国大会でも難波さんの魚はコンスタントに上がってくるのではないかと感じた

1面、250×90cmのFRP池が1面、130×130cmのFRP池が2面、140×90cmのFRP池が1面とスペースを考慮した難波さんらしい飼育場で当歳魚を作っておられたのである。

難波さんのらんちゅう飼育歴は今年で14年目、らんちゅうを始めたきっかけは、お子さんが金魚掬いの金魚を持ち帰ったことから金魚の飼育をされるようになったと言われる。職場が高尾昌幸さんと同じだった時期に、高尾さんかららんちゅうの黒仔を頂いたり、当時、近所に河合隆章さんがおり、訪ねてみたり、加藤弘志さん宅を訪ね、「暇さえあれば加藤さんの池を見せてもらっていた」そうである。

初めての取材をさせて頂いた後も、ずっと難波さんの魚については気にしていたのだが、岡山、児島という著名らんちゅう師が多数いる場所で、色々な人から違った話を聞いていた難波さんが、魚作り、魚の見方に迷ってしまわれた時期があったように感じていた。そこが難波さんの真面目な性格が加わってしまったように感じていた。

そこを抜け出され、難波さんの魚作り、魚の見方が固まったのが2年前、第60回全国品評大会で当歳魚2匹を入賞させた時だと思っていた。「また取材に行かせてください」とお願いした時は、「まだ撮影するほどの魚がいません」と固辞されてしまったのだが、2017年の8月に行われた岡山錦鱗会の研究会で、難波さんが優等四席、二等三席に2匹の役魚入賞をされた魚を見て、「今年は絶対に難波さんの池を見せて貰おう！」と思ったのである。今回は難波さんに快諾を頂けたのである。

難波さんの飼育場をひと目見て、「しっかり飼い込んでいる！」という印象をいきなり受けた。撮影させて頂く魚を洗面器に上げてもらうのだが、上がってくる一匹、一匹の魚に難波さんの感情、意志が込められていると感じられたのである。「目幅があって、力のある魚」難波さんが求めるらんちゅうの理想像であるが、それがしっかりと表現されていたのである。

日本らんちう協会第60回全国品評大会で当歳魚の部で西前頭30枚目に入賞した難波さんの魚

日本らんちう協会第60回全国品評大会で当歳魚の部で西前頭22枚目に入賞した難波さんの魚

5年前、自宅奥に新たならんちゅう飼育室を難波さんは作っておられた。180 × 120cm の FRP 池が 1 面、180 × 130cm の FRP 池が 1 面、250 × 90cm の FRP 池が 1 面、130 × 130cm の FRP 池が 2 面、140 × 90cm の FRP 池が 1 面、計 6 面の池で素晴らしい当歳魚を作っておられた

「今年はほぼ毎日、夜に水換えしました」と難波さん、「餌やりもドッと餌を入れてそれについて来ることが出来る魚」を作られたと言われる。給餌の回数は朝一回、難波さんが餌を与えられ、その後は奥様が8時、10時、12時と3回の人工飼料の給餌を手伝ってくださるそうだ。昼からは泳がせる時間にして、難波さんが帰宅されてから17時、19時に給餌、一日合計6回の給餌で、魚を作られたのである。「ここ二年ほどは自分の好みの魚を作れるようになってきた」と難波さんは言われたのである。

初取材時に、「岡山錦鱗会の先輩方に大事にして頂いているので、迷惑をかけないように頑張りたい」、そして最初からの飼育室内にあった「あきらめないでやり続ければ、きっとできるから」という貼り紙があったことを思い出した。どの品評会に行っても、入賞魚を食い入るように見つめる難波さんの姿を見ていたのだが、ようやく、難波さんは魚作り、魚の見方から迷いが完全に消えた気がした。難波さんの目標は岡山錦鱗会での東大関なのだろうが、それより上、日本一になる可能性もいよいよ大きくなってきた。今後の活躍が楽しみである。

以前から使われているハウス外の飼育池

第99回錦蘭会品評大会で二歳魚の部で立行司を獲得した難波さんの魚。当歳魚の時点で作りがしっかりしている難波さんの魚は二歳魚でも今後、強さを発揮することだろう

当歳魚

当歳魚

当歳魚

当歳魚

当歳魚

当歳魚

当歳魚

当歳魚

当歳魚

８月の岡山錦鱗会研究会で優等四席となった魚

８月の岡山錦鱗会研究会で弐等三席となった魚

当歳魚

2017年９月取材／森　文俊

埼玉県在住

田巻 洋一郎

第129回観魚会品評大会で2尾の優等賞を獲得、エラ下の締まった腹型の良い、味のある魚を作る。

たたき池を泳ぐ、田巻さんの当歳魚。今年は10腹を育てられたと言われる。田巻さんが所属される埼玉らんちう会第64回品評大会でも、当歳魚紅の部で取締一、当歳魚白の部で東大関、立行司を獲得された

2016年、日本らんちう協会東部本部に支部復帰された埼玉らんちう会、その埼玉らんちう会の中でも実力派として知られていた方が、ここで紹介させて頂く、田巻洋一郎さん（64）である。

埼玉副都心として栄える大宮駅、そこからほど近い線路横に田巻さんのご自宅がある。線路に沿った庭には田巻さんがらんちゅう飼育を始めた当初から使われている200×100cmのたたき池が4面、2.9m^2、2.6m^{2}のたたき池が各1面ずつあり、周辺に150×150cmのFRP池3面を中心に全部で9面のFRP池を使い、らんちゅう作りをされておられる。そして、2tの溜め池が3個、計6tが水換えに用いられている。

第129回観魚会品評大会で当歳魚寿の部で東大関となった田巻さんの魚。2016年に日本らんちう協会に支部復帰した埼玉らんちう会だが、元々、観魚会の品評大会への出品をされていた田巻さんにとって、本当に嬉しい東大関獲得だったに違いない

田巻さんがらんちゅう飼育を始められたのは中学生の頃だったと言われる。歩いてすぐの所に『五十嵐らんちゅう園』があり、そこで出た選別のハネ魚を持ち帰り、練り舟飼育をしていたそうである。その後、本格的にらんちゅう飼育を始められるようになり、たたき池2面を作り、次の年にはさらに4面と徐々に池を増やされ、現在の飼育場が出来上がったそうである。五十嵐さんのお母さんに今から24年ほど前に「若い人もやっているから、そろそろ会に入ってはどうか？」と誘われ、埼玉らんちう会に入会されたと言われる。

今年の田巻さん、何といっても、第129回観魚会品評大会での戦績が凄いのである。当歳魚寿の部で、東大関、立行司、西関脇と2匹の優等賞を含む、3匹の役魚を獲得されたのである。3匹を出品された田巻さん、入賞魚を下から見ていかれたそうで、まず西関脇に自分の魚がいることを確認、次に立行司に自分の魚を確認、この段階で、「やっと観魚会で優等賞を獲れた！」と喜ばれたそうである。第129回観魚会品評大会では、出品魚受付時には福の部に入るか、寿の部に入るかは出品者が決められるものではなく、全ての出品魚の受付が済んで決定していたので、田巻さんが3匹出品された段階では、1匹は福の部だと思われたそうである。しばらくして、福の部の魚が洗面器に上がり始めた頃に、寿の部の東大関が田巻さんの魚だと気付かれたと言われる。「こんなことがあるのか！」と最初は思われたそうである。「嬉しかったですよ。それまで関脇までは獲ったことがあったんですけど、優等賞、しかも東大関でしたから」と田巻さん、やはりしっかりとした作りが出来る方だったのである。

2017年は20腹ほど仔引きされ、会の仲間に分けたりされて、田巻さんが残されたのは10腹分だったそうである。飼育方法としては水換えは中3日程度で行い、餌は鯉用の人工飼料と冷凍アカムシを併用されている。毎年寝かすのは12月に入ってから、起こすのは1月末で、3月中旬か

第129回観魚会品評大会で当歳魚寿の部で西関脇となった田巻さんの魚

第129回観魚会品評大会で当歳魚寿の部で立行司となった田巻さんの魚

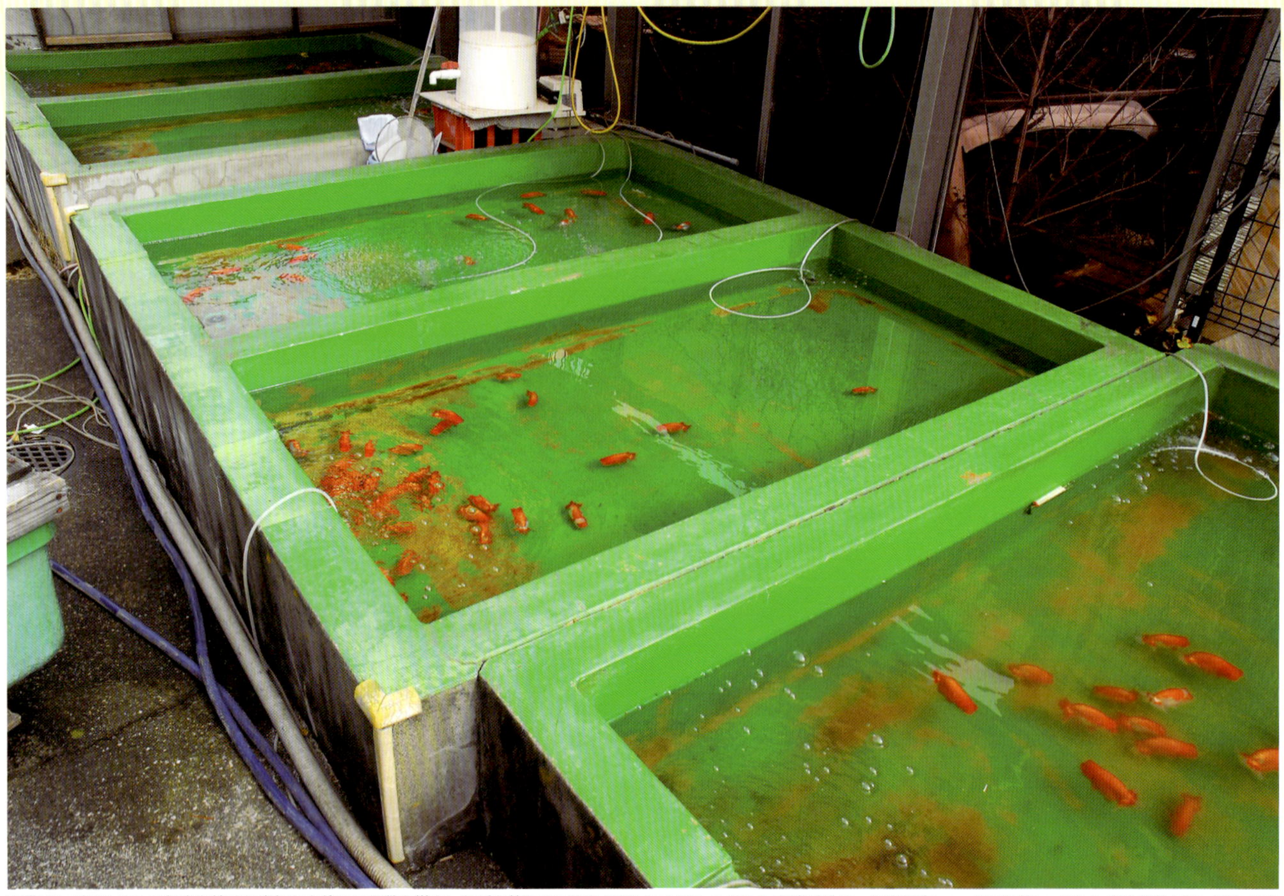

田巻さんがらんちゅう飼育を始めた当初から徐々に面数を増やしながら使われてきた200×100cmのたたき池が4面、2.9平方m、2.6平方mのたたき池が各1面。美しい当歳魚たちが群泳していた

ら仔引きを始められると言われる。

田巻さんのお好きな魚のタイプを伺ってみた。「エラ下の締まった魚、腹型がカチッとした魚が好きです」と田巻さん、「鱗の綺麗な振り込んで泳ぐ魚、そして味のある魚で良い魚を作りたいですね」と答えてくださった。この「味っこい」という部分は東部の伝統的な魚の見方なのだが、近年は日らん偏重が強まり、"味魚"と呼べる魚、そしてそれを見る愛魚家が少なくなっていることに、田巻さんとお話していて気付いた。そういった部分は埼玉らんちう会や東部本部の支部で若い愛魚家は学んでおいて損はないのである。

田巻さんにとってのらんちゅうの魅力は、「やはり作る楽しみですね！卵からフ化させて育てて…芸術品みたいなところが魅力です」と答えてくださった。「一生懸命に育て上げて、品評会で結果が出ればやっぱり楽しいですよ！」と田巻さん、「日本一が目標」とも言われ、「大変なことだと思いますけど、やはりそこを目指すことがやり甲斐になりますから」と答えてくださった。

当歳魚　田巻さんの種親候補の一匹である

たたき池周辺の庭には150×150cmのFRP池3面を中心に全部で9面のFRP池を設置されておられる

当歳魚

当歳魚

当歳魚

当歳魚

当歳魚

当歳魚

当歳魚

当歳魚

当歳魚

2017年11月取材／森　文俊

静岡県在住

御手洗逸夫

観栄らんちう会歴12年目、「感じが判ってきた」と、魚作りに自信と手応えを持つに至った2017年。

第７回駿河らんちう会品評大会　当歳魚　西取締

「今年の御手洗さんは魚が出来ている！」そう川合実次さんや小澤忠幸さんから伺い、御手洗さんの飼育場を見せて頂くことにした。御手洗さんの取材をさせて頂いたのは、本誌の17号のことであった。2009年、御手洗さんが第19回観栄らんちう会品評大会で更紗のバランスの良い二歳魚の東大関を獲られ、その年の日本らんちう協会第54回全国品評大会でも、二歳魚の東前頭六枚目に入賞されてから、今回8年振りの取材ということになった。

御手洗逸夫さん（67）は観栄らんちう会に入って12年目、らんちゅうの飼育は会に入る前から楽しまれていたそうだが、その頃はもらっては落としてしまうことを繰り返してしまっていたそうだ。しか

日本らんちう協会第62回全国品評大会当歳魚で東前頭12枚目に入賞した御手洗さんの魚。御手洗さんが最近テーマとされている尾型が決まった魚である

し、会に入ることでよりしっかりと取り組むようになったと言われる。「観栄の会員は何でも教えてくれるんで」と御手洗さん、疑問点、知らなかった部分は会員から聞きながら体得されたそうである。

第23回観栄らんちう会品評大会で当歳魚で東大関、第25回観栄らんちう会品評大会で当歳魚で西取締と優等賞を獲られるまでになられ、「観栄らんちう会に御手洗あり」と年々、周囲に知られるようになられたのである。

飼育施設は一階と二階とにあり、一階には150×150cmのFRP池が5面、150×120cmのFRP池が3面、180×90cmのFRP池が2面あり、そこで当歳魚作りをされておられる。二階では150×120cmのFRP池が3面、130×130cmのFRP池が2面あり、取材時は、研究会や大会に出品された魚の養生の場にされておられた。「御手洗さんの今年の魚は良い！」と聞いていたのだが、実際は、苦労されたと言われる。「今年は3月から産卵は順調だったんですけど、採ってもダメ、採ってもダメ…の連続だった」と言われる。それでも5腹分の卵から今年の御手洗さんの当歳魚作りが始まり、4月25日に採卵した卵から全国大会への出陳を構えた魚が育ったそうである。「3月1日から採っていて、結局4月に入ってから仔引きした中から1回、2回の選別でそれなりに拾える魚が出た」と言われる。10月に行われた第27回観栄らんちう会品評大会で当歳魚の東小結、行司二、東前頭筆頭など2匹の役魚を獲得され、日本らんちう協会第62回品評大会では、当歳魚で東前頭十二枚目に入賞と結果を残されたのである。

御手洗さんにとってのらんちゅうの魅力を伺ってみた。「やっぱりらんちゅうたちが餌を食べている姿を見るのが好きです」と御手洗さん、「後はやっぱり愛好会の行事に魚を持っていくことが楽しい」と言われるのである。御手洗さんは会に行くなら手ぶらは嫌だという考え方をお持ちで、「やはり常に洗面器に上げたいという気持ちを持ってらんちゅうを飼いた

第27回観栄らんちう会品評大会　当歳魚　行司二

第27回観栄らんちう会品評大会　当歳魚　東小結

一階には150×150cmのFRP池が5面、150×120cmのFRP池が3面、180×90cmのFRP池が2面あり、そこで当歳魚作りをされておられる

い」と言われるのである。「以前は餌をガンガンやって肥り過ぎの魚にしてしまったこともありますよ」と笑われる御手洗さん、今はアカムシと人工飼料の割合も体得されたそうである。

御手洗さんの好みの魚について伺うと、「一概に言うのは難しいですね。最近、気にし始めたのは尾型です。尾がしっかりしているところを特に見るようになりました」と御手洗さん、「以前は自分の好み、感じが見えないところがあったんですけど、ようやく解ってきたかなって思います」と言われる。基本的には泳ぐ魚が好きだと言われる御手洗さん、今はそれに加えて太みのあること、そして裏皿の大きい、しっかりとした尾型を持った魚が作るべき魚として設定されたのである。「今年は会用の魚が出来た」と池を泳ぐ魚を見ながら話される御手洗さん、「目標はやっぱり日本一ですよね？」と尋ねると、「フフッ」っと笑われながら、「それは心の中では“いつかは！”って思っています」と答えてくださった。第62回全国大会での当歳魚の入賞は御手洗さんにとって嬉しい出来事だったことだろう。そして第63回全国大会、地元、中部担当の大会でさらなる飛躍が期待できそうである。

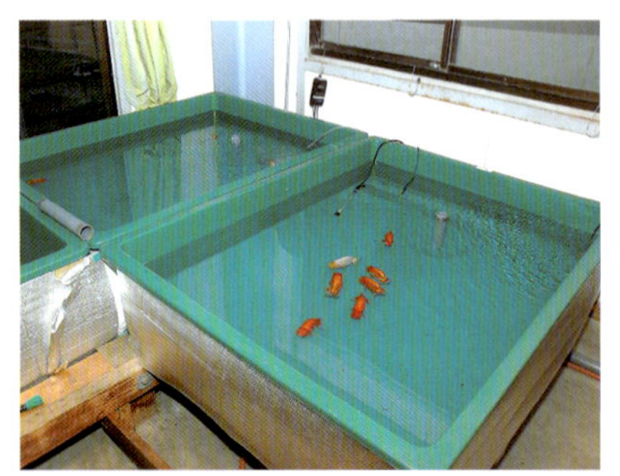

会に使った魚は二階の舟で養生させている

平成29年静岡県支部品評大会　当歳魚　東小結

当歳魚

当歳魚

当歳魚

当歳魚

当歳魚

当歳魚

第67回山梨錦城会品評大会　当歳魚　大の部　勧進元二

平成29年静岡県支部品評大会　当歳魚　行司一

当歳魚

2017年10月取材/森　文俊、東山泰之

三重県在住

小濱 照明

志摩紅鱗会で二年連続で総合優勝を獲得。その勝負に対する強い気持ちで魚を作る。

小濱さんのらんちゅう飼育設備。こちら以外にもう一箇所、別室がある

昨年、行われた第19回志摩紅鱗会品評大会で当歳魚で東大関、立行司、親魚で西大関を獲られ、志摩の林　万貴さんから、「そろそろ小濱さんの取材はどうか？」と推薦を受け、訪問させて頂いた愛魚家が三重県松阪市にお住まいの小濱照明さん（64）である。

2017年に行われた日本らんちう協会中部本部大会兼第106回錦友会品評大会で当歳魚の部で東小結を獲られているのだが、それよりも多くの参加者に注目を浴びた魚が西三十枚目に入賞した誰の出品魚よりも大きな魚であった。最初は最上位の点数が入っていたのだが、“大き過ぎる”という見直しで、最後の洗面器に移動されてしまったのだが、浜松のらん

平成29年度日本らんちう協会中部本部大会兼第106回錦友会品評大会で、当歳魚の部で東小結となった小濱さんの魚。どんな大会でも小濱さんは本気で魚を出品される方で、今後、もっともっと戦績を重ねていかれることだろう

ちゅうの作り手が見ても、「デカい！」という魚だったのである。

小濱さんのらんちゅう飼育歴は9年ほどになったと言われる。元々、錦鯉を5、6年飼っておられた方である。小濱さんが小学生の頃に地元の人がらんちゅうを飼われていたそうで、1×1mの池でらんちゅうを飼われたのが最初だったそうである。その後、グッピーやディスカスなど熱帯魚飼育も楽しまれ、本気のらんちゅう飼育を始められたそうである。

小濱さんのらんちゅう飼育設備は、まず当歳魚主体で飼われている部屋に125×125cmのFRP池が7面、160×125cmのFRP池が2面が置かれ、ここで本気の仔引きをされてから5年が経ったと言われる。もう一部屋には、180×130cmのFRP池が1面、160×100cmのFRP池が1面、150×150cmのFRP池が2面など計9面の池が設置され、そちらでも当歳魚、二歳魚、親魚を飼っておられた。

小濱さんの奥様は、写真にもあるようにドッグショー用のプードルを飼っておられ、写真の白いプードルはワールドクラスの質だそうだ。

2017年の小濱さん、仔引きは1月から2月にされたそうで、合計20腹を育てられたと言われる。らんちゅう育成に良いと言われたことなら何でもやってみる方で、黒仔へのミジンコの給餌は欠かさず、本格的な仔引きを始められて5年とは思えないしっかりとした魚を作っておられたのである。その魚を見せて頂いて、「小濱さんは“眼”が良いんですね！」と伝えると、「いやいや〜」と照れておられた。自分はお世辞を言える人間ではないので、本気で小濱さんのらんちゅうを見る“眼”が素晴らしいと思ったのである。

小濱さん、志摩紅鱗会の年間総合優勝を2016年、2017年と二年連続で獲られておられる。年間総合優勝は二歳魚・親魚の春季品評会、三回の研究会、そして秋の品評会の総合得点で決められるが、優等賞を一回でも逃すと総合優勝は出来ないのである。林　万貴さんが言うには、

日本らんちう協会第61回全国品評大会で親魚の部で東前頭十四枚目に入賞した小濱さんの魚。小濱さんにとって日らん初出陣初入賞となったのである

日本らんちう協会第61回全国品評大会で二歳魚の部で東前頭五枚目に入賞した小濱さんの魚

小濱さんのらんちゅう飼育設備は、二箇所あり、こちらは当歳魚主体で飼われている部屋で、125×125cmのFRP池が7面、160×125cmのFRP池が2面を置かれて当歳魚をしっかり作っておられた

「小濱さんはいつでも本気で出品してくる。研究会の時でも、“おいおい、こんな良い魚を研究会に持ってきてはもったいないだろう” という魚を出品してくる」と言われるのである。しかし、そういったどんな勝負でも勝ちを意識される小濱さんの姿勢は多くの愛魚家が見習うべき点であると感じる。

2016年に行われた日本らんちう協会第61回全国品評大会、小濱さんは初出陳ながら親魚で東前頭十四枚目、二歳魚で東前頭五枚目に入賞されたのである。

そして、今年、第23回尾張優魚会品評大会で、当歳魚大の部で東大関を獲得、小濱さんの常に勝負に懸ける気持ちが戦績を積み重ねることにつながっているのである。「小濱さんの目標は日本一ですよね？」と尋ねると、やはり「いやいや～」と手を横に振りながら答えられたが、その位置がある限り、小濱さんの目標になっているのは間違いないのである。中部本部大会では、大き過ぎて末席まで落ちてしまった経験をされたが、大きく出来るということは誰もが簡単に出来ることではないのである。大きく出来る人は調整していけばいいだけである。来年の小濱さんの活躍を楽しみに待ちたい。

今年の尾張優魚会品評大会で当歳魚大の部で東大関を獲られた小濱さんの表彰後の笑顔（写真／林　万貴）

こちらは180×130cmのFRP池が1面、160×100cmのFRP池が1面、150×150cmのFRP池が2面など計9面の池が設置された二歳魚、親魚が飼育されていたスペース。当歳魚の数がいる時期にはこちらでも当歳魚の育成をされる

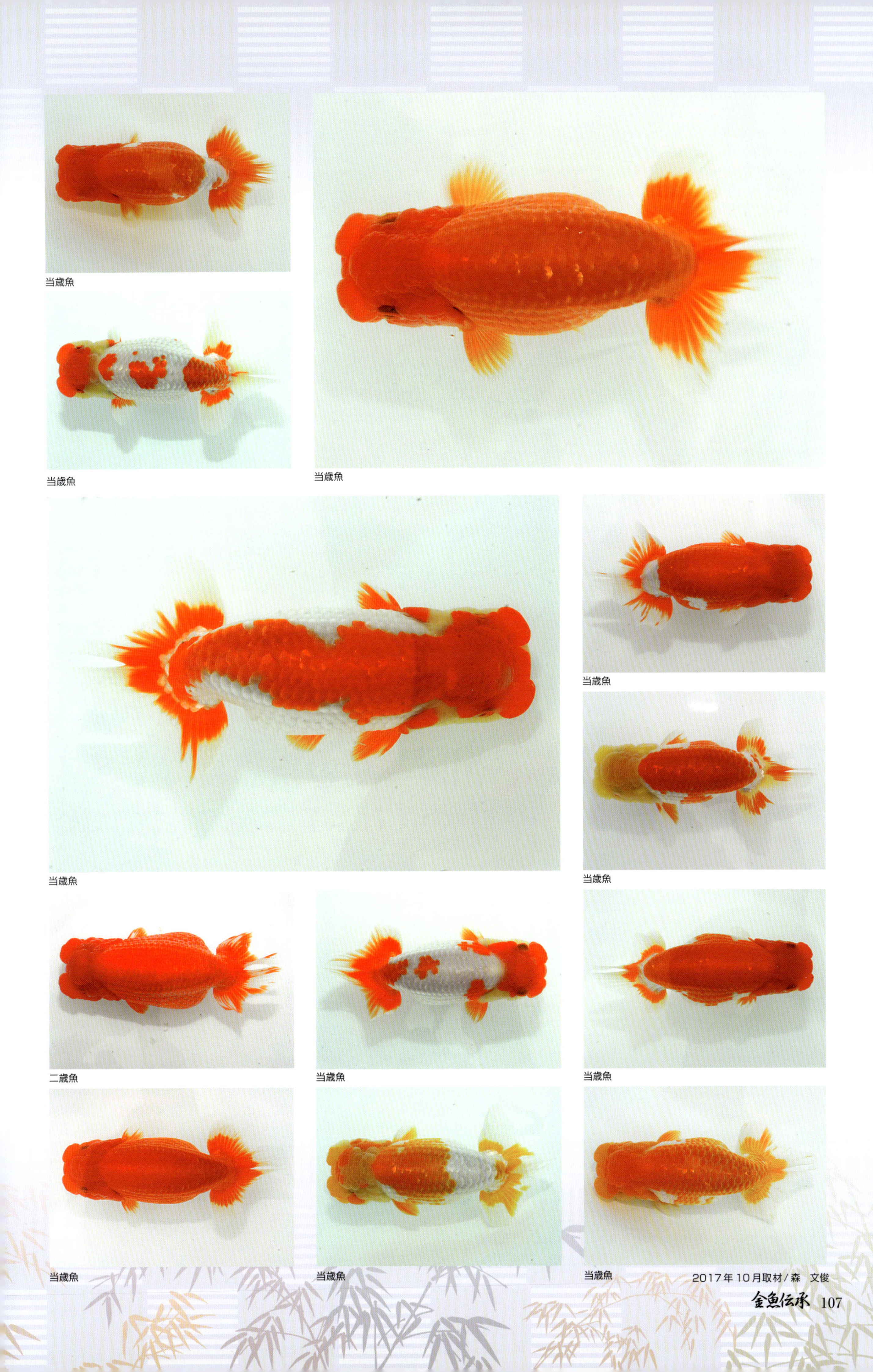

当歳魚

当歳魚

当歳魚

当歳魚

当歳魚

当歳魚

二歳魚

当歳魚

当歳魚

当歳魚

当歳魚

当歳魚

2017年10月取材／森　文俊

金魚人修養 行雲流水 自然の成り行きに任せ、魚を育む

広島県在住 城平秀樹

第61回全国大会に初出陳で初の役魚獲得！当歳魚、二歳魚の両刀で実力を発揮する作り手。

日本らんちう協会第61回全国品評大会で当歳魚で勧進元二となった魚を、城平さんはしっかりと一年飼育され、第62回全国品評大会でも二歳魚の東前頭二十枚目に入賞させられたのである

2016年に行われた日本らんちう協会第61回全国品評大会で、当歳魚の部で勧進元二、親魚の部で西前頭十四枚目に入賞された方が、広島県尾道市にお住まいの城平秀樹さん（54）である。この第61回大会が城平さんの日らん初出陳で、初出陳初入賞、しかも当歳魚は役魚を獲得されたのである。2017年に行われた第62回全国品評大会でも二歳魚の部で東前頭二十枚目に入賞、二年連続で日らん入賞を果たされたのである。第61回大会の当歳魚の部で勧進元二となった魚は次ページ上に掲載してあるように、目幅があり、体も太く、それにしっかりとした尾型を持った見事な魚であった。

そして、左の写真にあるように、その

2016年第61回日本らんちう協会全国大会に於いて、当歳魚の部、勧進元二に入賞した城平さんの当歳魚。太みのある体、そして、見事な尾型を持った魚であった

勧進元二となった魚をしっかりと一年飼い込まれ、二年連続日らん入賞を獲られたのである。

城平さんのらんちゅう飼育歴は9年になると言われる。近所にらんちゅうを飼っている方（小林さん）がおられ、城平さんは「何を飼っているんだろう？」と見せてもらったところ、らんちゅうを飼っておられたそうである。「水換えもほぼ毎日しなければならない」という話しを聞き、すぐに飼うことは出来なかったそうだが、そのうち、小林さんから魚を貰い飼い始めたと言われる。城平さんは熱帯魚のアジアアロワナ（レッドアロワナ）を20年ほど飼育していた経験をお持ちで、魚の飼育に関してはそこそこの知識を持っておられたのである。城平さんのらんちゅう飼育設備はご自宅横に置かれた150×100cmのFRP池7面、160×110cmのFRP池1面の計8面でらんちゅう作りをされておられる。

愛好会に入会されたのは3年前に備後鱗友会（西部本部尾道支部）に入会、日本らんちう協会の会員にも登録されたのである。備後鱗友会は力のある会員が多い愛好会で、小山敏信さんを始め、本号で紹介させて頂いた岩下孝広さん、第62回全国品評大会で親魚で日本一を獲られた尾濱英治さんなど実力派が揃っているのである。その中で、城平さんも戦績を残されたお一人として、切磋琢磨されておられるのである。

2017年は3腹仔引きされたそうで、第59回全国大会で当歳魚で日本一を獲られた石田一男さんの系統を中心にして魚作りをしておられた。「やっぱり種親に良い魚を使わないといけないですね！」と城平さん、昨年、今年と城平さんの魚作りに合った系統に出会われ、しっかりとした尾型を持った、幅のある当歳魚が飼われていた。

城平さんにとってのらんちゅうの魅力を伺ってみた。「魅力？らんちゅうは良いねえ！」と城平さん、「難しくて、解らないことも多いけど、自分で魚を作ってい

第98回錦蘭会品評大会　当歳魚小の部で東小結となった城平さんの出品魚

第98回錦蘭会品評大会　当歳魚大の部で勧進元二となった城平さんの出品魚

城平さんのらんちゅう飼育設備はご自宅横に置かれた150×100cmのFRP池7面、160×110cmのFRP池1面の計8面でらんちゅう作りをされておられる

けるところが面白い！」と今はらんちゅう飼育が楽しくて仕方がない様子だったのである。2017年の当歳魚の出来についてはあまり満足されてなさそうな城平さんがおられたが、太みがあり、城平さんの作る魚らしい尾型を持った魚が何匹も見られた。

城平さんの目標は、当然、日本一である。「それは絶対無理でしょうけど…」と言われる城平さんだが、初出陳で11番目に入賞されたのである。何回、出陳しても役魚に届かない…それが日らんである。そこをすんなりと出陳歴2回、入賞歴2回と結果を出してこられた方である。それに加え、当歳魚、二歳魚の2部門で対応できるのも城平さんの強みである。

来年は二年連続入賞を成し遂げた二歳魚が親魚になる。当然、城平さんの中には三年連続でその魚を出陳することも頭の中で描いておられるに違いない。第62回全国大会では当歳魚での入賞はなかった城平さん、来年は巻き返してこられるに違いない。2018年11月3日、名古屋で城平さんの魚を見るのが楽しみである。

二歳魚

150×100cmのFRP池7面、160×110cmのFRP池で7～9匹ずつの当歳魚が飼われていた。飼育水の状態は非常に良さそうだった

当歳魚

当歳魚

当歳魚　城平さんの作る魚らしい尾型を持った魚である

当歳魚

当歳魚

当歳魚　この魚なら二歳魚になってもっと素質を開花させることだろう

二歳魚

二歳魚

二歳魚

2017年10月取材／森　文俊

愛知県在住 **高津 晴彦**

“長手で太みのある魚”、この理想を追求して魚作りに励む、オールラウンドの作り手。

当歳魚が飼われているFRP池。2017年は３腹分の当歳魚を育てられたと言われる

2017年に行われた第45回蒲郡錦友会品評大会で親魚の部で東大関、西取締、二歳魚の部で東取締を獲られた方が高津晴彦さん（49）である。高津さんが所属され総務を務めておられる尾張優魚会の第23回大会でも親魚の部で東関脇、西勧進元、二歳魚の部で西取締、西小結としっかりと結果を残されたのである。

高津さんは小学生時代から川で採集した川魚などをずっと飼っていたそうで、仕事で寮生活だった時にも何かしらを飼育されていたと言う、元来の魚好きの方である。らんちゅうに出会われたのは、岐阜県加茂郡にお住まいの有賀昌司さんの魚と飼育場を見ておられたそうで、高津さんのお子さんが小学校高学年になった

三歳魚　バランスの良い、力と品の両方を持った親魚である。高津さんの魚作りの上手さを教えてくれた魚であった。惜しくも日らんでの入賞は逃したのだが、親魚らしさを感じられる良魚であった

時に家を新築され、そこにらんちゅうの飼育場を作られ、本格的ならんちゅう飼育を始められたと言われる。家を建てられて10年、尾張優魚会歴も10年の高津さんなのである。

高津さんの飼育場には、120×120cmのFRP池が3面、160×100cmのFRP池が1面、180×120cmのFRP池が2面、150の練り舟が2面設置され、そこでらんちゅう飼育を楽しんでおられるのである。

今シーズンは3腹の当歳魚を育てられたそうで、「そのうち、1腹は渡辺　敦さんから、もう1腹は林　達夫さんからの卵を育てた」と言われる。「今年は仕事が多忙で春先に当歳魚に餌を十分に与えられなかったんです」と高津さん、「でも、その分、泳ぎの良い魚が出来た」と言われる。高津さんが理想として追求しているタイプは、「長手の魚だが、太みがある」という相反する部分があるものだそうで、「泳ぎとのバランスが取れない魚が多いかもしれませんけど、理想像として追っているんです」とその難しい部分に拘って、魚作りをされておられるのである。「長崎県の山本さんという方が作られている太い魚の系統があって、自分の理想とする魚の型に近いものを感じるんです」と高津さん、その系統に出会われて、とても楽しそうな印象を受けた。

高津さんの池、魚を見ていて、もちろん当歳魚作りを大切にされてはおられるのだろうが、「高津さんは二歳魚、親魚作りで力を発揮されるのではないか！？」と感じた。「部門としては当歳魚メインなんですけど、二歳魚、親魚になるかなと思えた魚は飼います」と高津さん、最近の大会の戦績でも二歳魚、親魚で多くの結果を残されているのである。今年の当歳魚を洗面器に上げて10数匹見せて頂いたのだが、「二歳になったら強そうだ！」と感じられた魚が何匹もいたのである。

高津さんの目標はもちろん「日本一」なのだが、「やっぱり皆さんが見て“オォ！”と唸るような魚を作りたいですね」と具体的な目標を話してくださった。高津さ

第23回尾張優魚会品評大会で二歳魚の部で西小結となった高津さんの魚

第23回尾張優魚会品評大会で二歳魚の部で西取締となった高津さんの魚

高津さんの飼育場には、120 × 120cm の FRP 池が 3 面、160 × 100cm の FRP 池が 1 面、180 × 120cm の FRP 池が 2 面、150 の練り舟が 2 面設置されており、そこで当歳魚、二歳魚、親魚が育てられている

んが理想とする姿の“長手で太みのある魚”それが出来た時、自ずと結果は付いてくるだろうと思った。
「あとは尾張優魚会を発展させたいですね！」と言われる高津さん、尾張優魚会は山田芳人会長以下、若い会員も多く、中部本部愛知支部内では金魚文化連合会の次に中部本部登録の会員が多い愛好会である。高津さんは尾張優魚会の総務として更なる会の発展を望んでおられるのである。平成28年度の中部本部大会は第22回尾張優魚会品評大会と兼催で行われたのだが、その進行役として司会を務められた高津さん、こういった愛好会への強い気持ちを持っている会員はどこの愛好会でも必要不可欠なのである。

高津さんの作りたい系統にも出会われ、しっかりとした当歳魚も残った2017年、高津さんにとっては中部本部が当番本部となる第63回全国大会では、親魚、二歳魚の部門で活躍されることだろう。これから採られる当歳魚も含め、高津さんの本気で作り込んだ魚を見せて頂くことを今から楽しみにしていたいと思う。

第23回尾張優魚会品評大会で二歳魚の部で行司二となった高津さんの魚

第 23 回尾張優魚会品評大会で当歳魚大の部で行司二となった高津さんの魚　この魚は二歳になっても強そうである

当歳魚

当歳魚

当歳魚　幅のある良い魚である

当歳魚

当歳魚

当歳魚

親魚

当歳魚　来年の種♀候補の一匹

当歳魚　来年の種♀候補の一匹

2017年10月取材／森　文俊

金魚人修養 行雲流水 自然の成り行きに任せ、魚を育む

愛知県在住 **渡辺 敦**

爬虫類ブリーダー歴18年、“らんちゅうは格好良い！”を持論に研究心、探究心を持ってらんちゅうを作る。

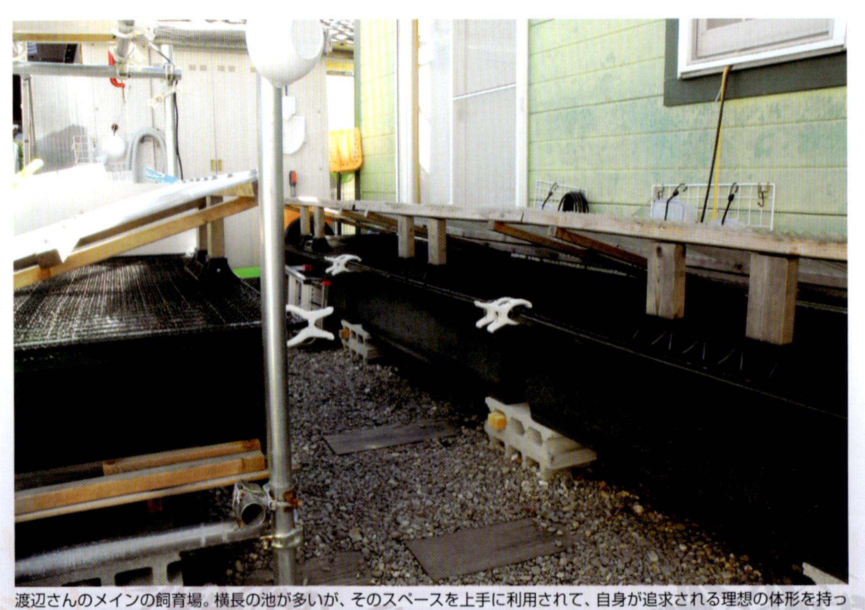
渡辺さんのメインの飼育場。横長の池が多いが、そのスペースを上手に利用されて、自身が追求される理想の体形を持ったらんちゅうを作っておられた

2017年9月10日に行われた、第61回岡山錦鱗会品評大会で、ここで紹介させて頂く、愛知県犬山市にお住まいの渡辺敦さん（50）に出会った。初参戦の岡山錦鱗会の大会では、当歳魚の部で西前頭二十五枚目の入賞であった。位置的には上位ではないのだが、初めての岡山錦鱗会の品評大会でいきなり入賞されるとは、「渡辺さんはただ者ではない！」と思ったのである。会場で挨拶させて頂き、愛知からの参戦だったことを知った。「渡辺さん？確か今年、伊藤孝広さん、高津晴彦さんと共に取材させて頂くことになっていた方だ！」と気付き、その話をさせて頂くと、渡辺さんご自身には伝わっていない話しであった。

日本らんちう協会第62回全国品評大会で当歳魚の部で東前頭十枚目に入賞した渡辺さんの魚。日らん初入賞となったが、探究心、研究心旺盛な渡辺さんの今後の連続入賞記録の始まりの魚になるかもしれない

渡辺さんのお宅に伺い、魚を少し見せて頂くと、やはり「この人はただ者ではない！」と再度、感じたのである。らんちゅう飼育歴を尋ねると、「5年目です」と渡辺さん、実はドロガメやニオイガメのブリーダー歴18年という子供の頃からの爬虫類好きの方であった。カメのブリーダーとしては広く知られた存在の渡辺さん、ご家族の知り合いにらんちゅうを飼育している方がいたことをきっかけに、「いきなりらんちゅうを3匹飼い始めた」そうである。「爬虫類がメインでしたけど、らんちゅうは子供の頃から気になる存在だったんですよ」と渡辺さん、その3匹のらんちゅうを手にされてから、らんちゅうを本格的にやってみようと思われたと言われる。「自分の住む犬山市に伊藤孝広さんがいて、尾張優魚会に入会したんです」と渡辺さん、尾張優魚会歴は4年目だと言われる。

渡辺さんのらんちゅう飼育設備は、150×90cmのFRP池が3面、170×86cmのFRP池が2面、150×70cmのFRP池が1面、170×70cmのFRP池が1面、120×75cmのFRP池が1面の計8面をメインにされてらんちゅう作りをされておられる。裏庭にも140×86cmのFRP池が1面、120×75cmのFRP池が1面あり、仔引きの時期や二歳魚、親魚の育成用に使われている。

今年は7腹仔引きされ、そのうち4腹を育てられ、大会用の魚はさらにそのうちの2腹をメインにされておられた。渡辺さんにらんちゅうの魅力を尋ねると、とても面白い答えが返ってきた。「自分はらんちゅうを可愛いとは思いません。“格好良い”と思っているんです」と渡辺さん、「魚の姿から一番かけ離れているじゃないですか！そこが格好良いんです」とこれまで誰も言わなかった言葉でらんちゅうを表現されたのである。

渡辺さんは、本格的ならんちゅう飼育を始められて二年目の第59回津島愛錦クラブの品評大会でいきなり当歳魚で東取締を獲得、同年の第60回金城会品評大会

平成28年度日本らんちう協会中部本部大会兼第22回尾張優魚会品評大会で、二歳魚の部で行司二に入賞した渡辺さんの魚

平成29年度日本らんちう協会中部本部大会兼第106回錦友会品評大会で、当歳魚の部で脇行司二に入賞した渡辺さんの魚

渡辺さんのらんちゅう飼育設備は、150 × 90cm の FRP 池が 3 面、170 × 86cm の FRP 池が 2 面、150 × 70cm の FRP 池が 1 面、170 × 70cm の FRP 池が 1 面、120 × 75cm の FRP 池が 1 面の計 8 面をメインにされておられる

でも当歳魚で立行司を獲られたのである。

岡山錦鱗会の品評大会に参戦したきっかけは、第58回大会で当歳魚で東大関となった佐藤英朗さんの魚のイメージが渡辺さんの中に強く残ったこと、そして、岡山の審査にも興味があったと言われる。「自分は偏屈なところがあるんで、みんなが良いというと行きたくなくなるというか、実は興味があったんですけどね！」と微笑みながら言われる渡辺さんなのである。タイプとしては、「長手で目幅のまま体がストンと来る魚」と言われ、目標は、所属する尾張優魚会の東大関、そして「日本一！」と明確に言われるのである。「岡山錦鱗会の一番も欲しいです！」と渡辺さん、普通の人ならばらんちゅう飼育歴5年目で簡単に口に出来ることではないのだが、これまで爬虫類中心で生物に携わってこられた経験値は、らんちゅう飼育にも活かされているのである。

今年も第62回三河金鱗会品評大会で当歳魚小の部で東大関、東取締、そして日本らんちう協会第62回全国大会でも当歳魚で東前頭十枚目に入賞、最短距離を走るために努力を怠らないのである。今後、確実に戦績を残されるに違いない、らんちゅう師のお一人が渡辺さんなのである。

第 23 回尾張優魚会品評大会で当歳魚大の部で東小結となった渡辺さんの魚

第 23 回尾張優魚会品評大会で当歳魚大の部で行司三となった渡辺さんの魚

当歳魚

当歳魚

当歳魚

当歳魚

当歳魚　渡辺さんの好きなタイプの一匹であろう

当歳魚　尾型の良い魚である

当歳魚　2018年のオスの種親として決めておられる魚である

当歳魚

当歳魚

2017年10月取材／森　文俊

静岡県在住 **神尾昭司**

観栄らんちう会で二年連続当歳大関獲得！池数がなくとも作れることを実証される

第27回観栄らんちう会品評大会　当歳魚の部　西大関

観栄らんちう会第26回品評大会で当歳魚東大関、そして今年の第27回品評大会では当歳西大関を獲得された神尾昭司さん(62)、開会前の朝には「前頭にでも乗ってくれれば」とおっしゃられていたが、実際はしっかりと作り込まれた魚を連れてこられていた。「太みがあって、見た目が綺麗な魚」がお好みという神尾さん、それをしっかりと体現されていた。

神尾さんの飼育場は作業場2階の屋上スペースを利用されており、決して広いとは言えない。ただ、そのスペースと4面という池数でもしっかりと魚を作り込まれているのは周囲の仲間も認めるところである。飼育場への階段の上り下りが大変とおっしゃるが、その大変さも含めて

第26回観栄らんちう会品評大会
当歳魚の部　東大関
「太みがあって、見た目が綺麗な魚」という神尾さんの理想を表した魚。力強い泳ぎを見せており、会場でも注目されていたものである

のらんちゅう飼育を楽しまれておられる。飼育場は隣家の影になってしまうこともあり、水温の上下が出やすいそうで、ヒーターでの補助が必要とされる。ただ、台風時など強い南風は防いでくれるそうで、難点ばかりではないそうだ。仔引きは3腹を採られるが、このスペースではその数が限界だとおっしゃる。150×90cmFRP池4面でその3腹分を回されている。育てるためにも選別で減らされるが、後からまくれが出たりすることもあるので、その兼ね合いが悩ましいとされる。普段は朝4時半に起床され、水換えを行う。そして朝の食いが立つ時にだけ人工飼料を与えられる。その後は午前9時、12時、午後4時に冷凍赤虫を与えて1日の餌やりは終了だそうだ。「それだけですか？」と思わず聞き返してしまったものであった。フードタイマーで一日中餌を落とすなどといった話もある中、無理なく、それでいてその魚が成長するに足る餌やりをしっかり観察しながら行っておられ、実際、神尾さんの魚はどれもしっかりとした太みを持ち、サイズも十分にきているものであった。「球数がいないから、太いので勝負をかける」とおっしゃる。仔引きも3月頃に採り、それが当たらなければ4月を最後に採られる。そのくらいでないと秋には間に合わないと判断されている。「これくらいの設備でもらんちゅうは飼えるという見本になればいいですね」とおっしゃる。若い人や会の新人もいるが、誰もが十分な広さの飼育場を持っているわけではない。昨今の住宅事情や仕事の関係で数少ない池しかもてない人もいるだろう。神尾さんの飼育は、そんな人たちの励みにもなるのだと思えた。

元々生き物好きであった神尾さん、川からコイの卵を掬ってきて、育てていたりもされたそうだ。らんちゅう飼育歴は30年になられる。地元の観賞魚センターKAWAGUCHIの開店祝いにらんちゅうを購入されたそうだが、当時はまだよくわかっていなかったそうで「今から考えるとダメな魚でしたよ」と笑っておられ

第27回観栄らんちう会品評大会　当歳魚の部　勧進元一

「更紗なんですよ」と笑われていた種魚。ひっくり返すとお腹には赤がある

作業場の屋上部分が神尾さんの飼育スペースになる。種用の池を除き、４面の 150 × 90 のFRP4面で当歳魚作りに取り組まれている

た。観栄らんちう会に入会され、24年ほどになる。会では総務として様々な裏方作業をこなされている。特に3年前の新会場探しの際は苦労されたそうだ。「会の催しが続く半年くらいは特に大変ですね」とおっしゃるが、そうした苦労の後に当日は皆で楽しく過ごされることを強く望まれていた。らんちゅうを通じての付き合い、仲間がいるからこその楽しみを強く感じておられる。「なんでこんなめんどくさい魚やってるんだろって思いますけど」と笑っておられたが、そうした面倒くささや仲間との競い合い、自分好みの魚を作る楽しみ、そういったものすべてを含めてのらんちゅう飼育なのであった。

お伺いしたのは10月下旬で、残されていたのはほとんどが種魚であった。この後はシーズンオフであり、これからは趣味の富士山撮影をされるという。「オフの癒しです」と、らんちゅうシーズン中にかけられない時間を冬の間に楽しまれる。こうしたオンオフを行い、また来シーズンへの取り組みをされる。「商売でなく、趣味なのだからこの規模とペースでのんびりやっていきますよ」とおっしゃっていたが、3年連続の大関獲得もしっかり意識されていた神尾さんであった。

日当たりによる温度差に注意されている

お伺いした際に残されていた魚は、種魚の当歳魚だけであった。「種にすると決めたら、その魚はもう出しませんね」とおっしゃり、春の交配を楽しみにされていた

種用当歳魚

種用当歳魚

種用当歳魚。太みと目幅を重要視されている。今年の当歳はいい具合の魚が残ったそうだ

種用当歳魚

種用当歳魚

種用当歳魚。前掛かりのある尾も気にされている

種用当歳魚

種用当歳魚

種用当歳魚

2017年10月取材／東山泰之

東京都在住

木村文夫

らんちゅうを通してできた仲間とのつながりや共通の想いを大切にして楽しむ

新設されたFRP125角の舟。お仕事中も帰ってからのらんちゅうの世話のことを考えられているそうで、早く家に帰りたくてしょうがないそうだ

超大型台風21号が関東へ迫る10月22日、喜樂らんちう会の良魚交換会が強い雨の中行われた。その後にお伺いさせていただく約束をいただいていたのが木村文夫さん（49）である。交換会が終了し、木村さんの車に乗せていただき、ご自宅へ。もちろん雨は降り続いている。それどころか、どんどんと強くなっているほどであった。木村さんの飼育場が外であったらどうにもならなかったが、ご自宅の駐車場スペースをご利用されているため、なんとかなったものである。

以前は車庫の奥にFRP160×100を3面、120×74を3面設置されていたが、昨年の夏から会の仲間である七尾好之さんにも手伝っていただき、125角を3面、140

第81会楽友らんちう会品評大会
当歳魚小の部　取締一

×90が2面を増設され、今シーズンから稼働された。これでご自宅横のスペースは完全にらんちゅうの飼育スペースになった。「欲を言えばもっと池は欲しいですけど、今はこれ以上は無理」とおっしゃる。お仕事をされている現状では、やはり手をかけられる時間が制限される。毎日4時に起床され、ライトをつけて、出勤する6時までに冷凍赤虫を2回与えている。夜に帰宅後、2時間ほどかけて水換えなどを行っている。朝はどうしても慌ただしくなるので、餌やり程度にされている。「前に栓がしっかりはまってなくて大変なことに」と笑いながら失敗談を語られていた。「よく家に帰りたくないとかいう人いるけど、自分は少しでも早く帰りたいですね」と、仕事中にも帰ったらあの池を洗って、あの魚を動かしてと、らんちゅうのことが頭から離れないそうだ。

仔引きは10腹ほどを採り、5～6腹分に絞られる。選別は仕事が休みの日に集中してされるそうだ。「選別作業は3時間までですね。それ以上は集中力が続かない」と、惰性ですることは避けられている。いいと思った魚を抜いていく選別をされる。以前に聞いた観栄らんちう会飯島紳一氏の言葉で「この池で何匹と決めたら、その数まででやめる」というのが心に残っており、欲張ってもいいことはないと実感されている。もったいない、よくなるかもと思って余計に残しても、結果的に数が多すぎればよくならない。「よくなるかも？はきっぱりと切る。選別に甘さは禁物。数は本当に大切です」とおっしゃっていた。

らんちゅうの飼育は甘くなく、仔引きを始めて大会までは休みはない。本当に酷な趣味だと痛感されているが、仲間がいるからこそ、頑張れるし、楽しめるとお考えである。愛好会に入り、共通の趣味を持つ仲間と過ごす時間をなにより大切にされている。「会の催しがあれば会のために自分を犠牲にする部分もあるけれど、それは仲間も同じだし、楽しければいいんです」とおっしゃる。別の会の大

第81会楽友らんちう会品評大会
当歳魚大の部　西関脇

駐車場のスペースを利用し、新たにFRP125角を3面、140×90が2面を増設された。強い雨の中だったせいか、一部屋根から舟へ雨が流れ込んでおり、「もう少し手を入れる必要がありますね」と笑っておられた

会に乗り合わせて行けば道中も楽しい。会の行事以外の時にも仲間と集まって食事をしたりと、様々な交流を楽しまれている。以前は研究会や大会の後でも集まって魚の話をしていたものだが、規模が大きくなり人が集まるようになると、そうした時間がなくなってしまうのを残念に思っておられ、こうした仲間と過ごす時間を大切にされていた。

「自分の理想の魚を作るのにもがいてますね」と、いまだに難しさを痛感されている。らんちゅう飼育には電気、水道、餌とコストがどうしてもかかる。それはしょうがない部分だが、大変だからこそ良い魚ができて仲間からほめられることを素直に嬉しいと感じておられる。「この年になるとほめられるとか普通ないでしょ」と笑っておられた。らんちゅうの戦いは、無差別級だと考えておられる。プロからアマチュアまでが同じ大会で競い合い、気候条件も同じ。今年のように大会前に天候が不安定で調整に苦労するなど、誰もが経験している。だからこそやりがいがあると感じておられる。目標はもちろん全国だが、まずはホームの喜楽、そして師匠と呼ぶ矢ヶ崎さんの楽友会でのトップを狙う木村さんであった。

頭に注目した種用当歳魚

以前は奥のこのスペースだけを使用されていた。今年5面の舟を増やされたが、欲を言えばまだまだ必要なところだそうだが、お仕事をされている間はこの数が管理できる上限とも理解されている

当歳魚

当歳魚

当歳魚

当歳魚

当歳魚

二歳の姿が楽しみなバランスのとれた当歳魚

第81会楽友らんちう会品評大会　当歳魚大の部　西関脇

当歳魚

当歳魚

2017年10月取材 / 東山泰之

古川さんが使うのは 150 × 90 が 3 面、110 × 90 が 2 面と 5 つの FRP 池である。このうち 2 面は貯め水用にされており、実質、魚を入れるのは 3 面だけである

第 6 回房総らんちう会品評大会　当歳魚　西関脇

当歳魚

行雲流水

自然の成り行きに任せ、魚を育む

二年連続当歳東大関
房総らんちう会の優等ホルダー

千葉県在住

古川裕昭さん

当歳魚

当歳魚

第５回房総らんちう会品評大会　当歳魚　東大関。同年第６１回全国大会では前頭東１１枚目に入賞された

種用に残された当歳魚。上から見たエラのラインがＶ字より平たいものを選ばれる

第６回房総らんちう会品評大会　当歳魚　東大関

東部本部品評大会の支部対抗戦において、2連覇を達成している房総らんちう会に所属する古川裕昭さん（51）は、会の仲間の中でも注目されているお一人である。「古川さんが魚出したら、優等の席減りますから」と仲間に言われるように、都合がつかず参加できなかった時以外はしっかりと成績を残されている。過去には4年連続で立行司に入賞され、味っぽい魚を作ることから仲間には「おしゃれな位置」と評されていた。そして昨年と今年には連続で東大関を獲得されている。

古川さんが出品するのは当歳魚のみである。それは飼育設備に関係する。150×90が3面、110×90が2面と5つのFRP池をお使いだが、2面は貯め水用にされており、実質、魚を入れるのは3面だけになる。「これ以上置くことはできないから、当歳集中です」とされていた。

古川さんの金魚飼育歴は25年ほどになる。スタートはお祭りの金魚掬いであったが、その後色々な金魚を飼育した中で特にらんちゅうに惹かれたという。「背ビレないとか、ゴツイとか、とにかく他と違う所」とおっしゃる。独学で飼育をしてきたが、息詰まっているとも感じられていたそうだが、「勝負をしてみたくなり」入会したのが10年ほど前になる。入会したことで積極的に周りの方に話を聞き、自分とは違う飼育法など、新たな発見も多かったそうだ。そのあたりの研究熱心さは周りも認めるところで、「いつも先輩を捕まえては質問責めにしてますね」という声が聞かれた。

仔引きは2月半ばから暖めだし、3月半ばから4月半ばにかけて3腹ほどを採られる。池の数が限られていることから腹数は採らないが、選別の際にはすべてをチェックされ、気に入った魚をよけていくそうだ。全体的なバランスをみるが、やはり尾を一番重要視されており、次いで目幅や筒の太みをポイントにあげられていた。最終的に研究会の時期には20匹くらいまでに絞っていき、今年の秋は会用に5匹が残されていた。

目指す目標はもちろん日本一が最高だが、まずはコンスタントに全国大会で成績を残すことを目標にされている。お仕事をされていることもあり、参加するのは房総と日らんだけであるが、「房総の役には毎年絡むけど、それじゃローカルマンですよね」と笑っておられたが、全国を強く意識されているのも感じられた。房総らんちう会での三連覇も狙い、そうした魚作りは全国大会にもつながるものであろう。来年のご活躍も楽しみなものであった。

2017年10月取材／東山泰之

作本さんのらんちゅう飼育スペースは、ご自宅横に建てられたハウス内にまとまっている。150 × 150cmのFRP池2面と、125cm角のFRP池6面をメインに使用されている

当歳魚

当歳魚。目幅から腰までズドンと太く、それに負けない尾が決まるのを目指されている

金魚人

行雲流水

自然の成り行きに任せ、魚を育む

ただいま売り出し中、房総らんちう会新進気鋭の若手

千葉県在住

作本守聡さん

当歳魚

当歳魚

房総らんちう会第６回品評大会　当歳魚の部　行司三

当歳魚

当歳魚。太みはつくようになってきたので、頭の出をさらに追究される

らんちゅう飼育歴５年という作本守聡さん（36）だが、第60回の日らんで二歳魚行司一、第61回日らんでは二歳魚西前頭四枚目という賞歴を残されている。こう見ると二歳専門のようにも見えるが、「もちろん当歳も狙ってはいたのですが」と笑われていた。やはり花形の当歳、そして二歳、親とトータルにやりたいという気持ちを持たれているそうだが、まだまだ試行錯誤の最中だそうだ。

作本さんのらんちゅうとの関わりは、奥さんと房総らんちう会の秋元和男さんなしには語れない。元々奥さんが会社の人かららんちゅうをもらってきたのが始まりだそうだ。仕事の関係で千葉へと出てこられたが、長洲の出身である作本さんにとって金魚の飼育というものはごく普通のことであったが、らんちゅうの飼育は初めてで、ネットで調べたりされていたそうだ。そんな時に保育園の金魚すくいの用意をされていた秋元さんと奥さんが出会い、「うちの旦那も飼っているんです」と話されたそうだ。その後、近所のお祭りで作本さんが秋元さんと出会い、秋元さんの飼育場を来訪された。「すごい！」と衝撃を受けた作本さん、それまでは愛好会の存在は調べていたものの、入会までは踏み切れなかったのを秋元さんに誘われ、入会されたという。

当初は社宅にお住まいであり、ベランダにプラ舟を置くしかなかったそうで、らんちゅうを飼育するために広い場所を探され、4年前に現在のご自宅を建てられたそうだ。なんとご自宅から秋元さんのお宅までは車なら数分で着くというご近所になり、現在でも足繁く通われているそうだ。お互いに行き来されており、刺激し合う仲間がいることは飼育の励みになっているのだろう。アドバイスを受けながらも、よきライバルとしてもお互いに意識されているようだ。

作本さんの魚の系統は秋元さんの魚、房総らんちう会会長大渕さんの系統になる。本格的な仔引きは３年目になるそうで、４～５腹を引かれている。昨年までは全部の魚を見て、ダメな魚を外すという淘汰をされていたそうだが、時間がかかるのと数が多くなってしまうことから、今年はよいと思うものを選ぶ選別にしたそうだ。「多すぎるよりは絞った方がいいのは実感しました」とおっしゃるが、それでもまだ迷いが出るそうで、シーズン中は時間があれば秋元さんのところを訪れ、勉強されているという。「やっぱりやるなら１番を目指したい。２番じゃダメ」とおっしゃる。簡単でないからこそ、今は試行錯誤され、高みを目指されていた。

2017年10月取材東山泰之

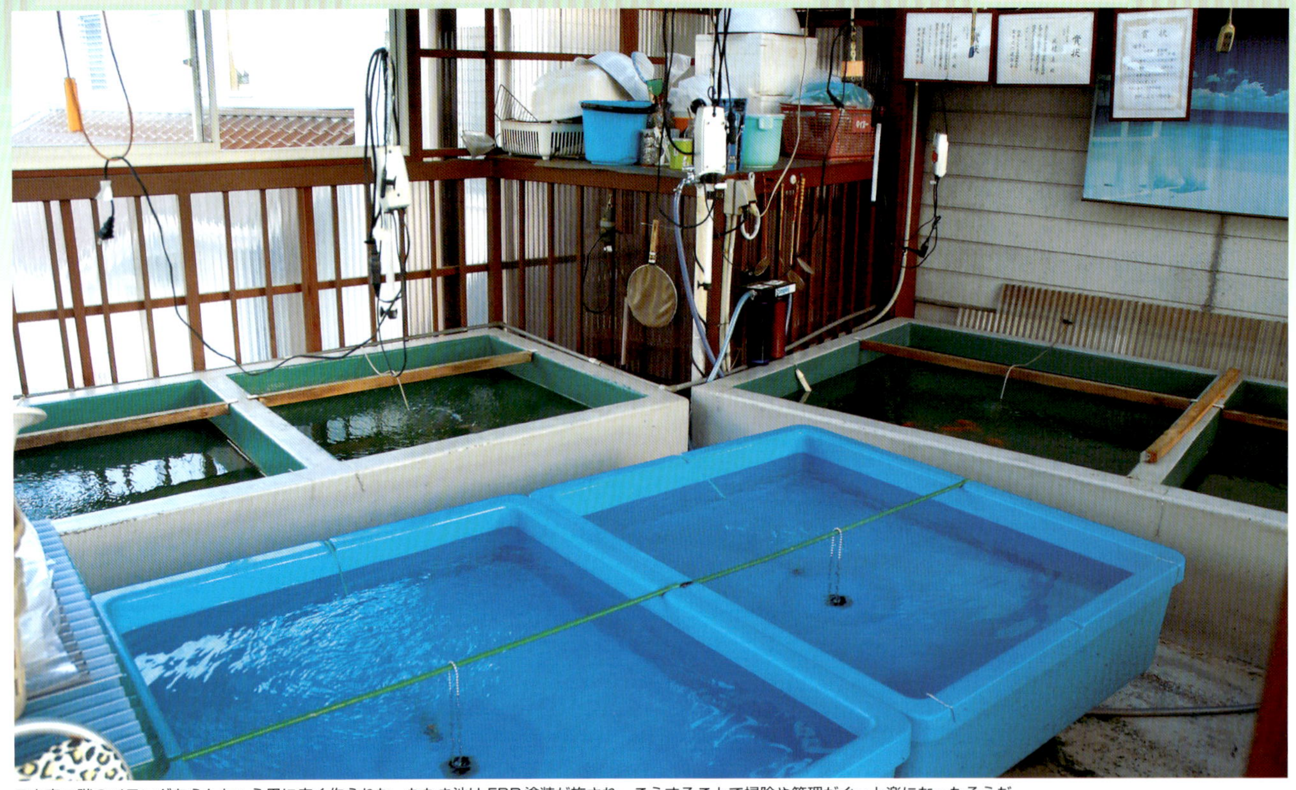

ご自宅二階のベランダをらんちゅう用に広く作られた。たたき池はFRP塗装が施され、こうすることで掃除や管理がぐっと楽になったそうだ

観栄らんちう会第26回品評大会　二歳魚の部　行司一

頭の出と尾構えで種用の当歳を決めておられる

行雲流水

自然の成り行きに任せ、魚を育む

「自分の会だけではなく、外へ出て、見聞を広げることが大切！」

山梨県在住

庄村　清さん

上は錦友会第104回品評大会で、親魚の部脇行司二に入賞した際の姿。翌年の第61回日本らんちう協会全国品評大会では、親魚前頭西19枚目に入賞した。前年はまだ親としては若々しい姿であったが、一年後には頭の出もよくなり、親としての風格も備わった。色みもほとんど抜けることなく育ち、その年の山梨錦城会では西大関、中部本部大会でも西小結に入賞するなど、非常に強い魚に育ったお気に入りの一匹である

上は駿河らんちう会第5回品評大会で、当歳魚の部で行司一に入賞した際の姿。その翌年、平成28年の中部本部大会では二歳魚の部で西関脇に入賞、それが左の姿である。その年には山梨錦城会でも西大関を獲得されており、バランスを崩すことなく育て上げてられた魚である

山梨錦城会の副会長、そして審査委員長を務める庄村　清さん（73）。らんちゅう飼育歴は20代の頃からになるそうで、京王プラザで開催されていた大会で、弥富の門田氏が獲得された東大関をご覧になり、らんちゅうにのめり込まれたそうだ。その後弥富に通い、門田氏や丸照養魚場の先代に様々なことを教わり、このお二人が庄村さんのらんちゅう飼育の手本であり、師匠と言える存在だそうだ。

東京オリンピックの際にはマラソンの強化選手にも選ばれたそうで、社会人陸上でも実業団入りをされていた庄村さん。そのため、どうしても飼育を中断せざるをえなかったそうだ。その後、コーチとして大学へ努めるようになり、ある程度時間ができたところに友人からの誘いもあり、飼育を再開された。幼少時から生き物が好きなことと、陸上をやって勝負の世界が身近だったことがらんちゅうの楽しみ方にも通じたとおっしゃる。当時は奥様が学生寮の管理人だったこともあり、その屋上ベランダに舟を並べて飼育していたそうだが、やはり広さはもちろん不自由さも感じていたそうで、避暑地なら場所があるだろうと探し、現在の山梨の場所を見つけたそうだ。購入されたのはまだ在職中の20数年前で、最初の10年ほどは週末だけ使うような文字通り別荘のようであった。当初は完全に退職してからじっくり取り組むおつもりだったが、退職の5年ほど前に引っ越され、本格的にらんちゅう飼育を始められたそうだ。母屋の横に付ける形で、ブドウで囲まれたお庭から階段で飼育場へと上がる。ベランダ状であるが、床は舟と同じFRPの防水加工が施されている。150角が2面、120角が2面のたたき池もお使いだが、それらも内壁をFRP加工されていた。こうしたことで水の保ちもよくなり、管理もずっと楽になったそうだ。

始めは東海らんちゅう会に入会されたそうだが、地元で会を作るように言われ、甲斐らんちゅう会を立ち上げられた。しかしなかなか人数が集まらなかったそうで、山梨錦城会と一緒になり、その頃小山徹志氏が会長に就任し、庄村さんは裏から支える役目を担うようになられた。「真面目に楽しんでいる人ばかりでしたが、奥手なのか地元からあまり出る人がいなかった」という。やはり他の地域の会などを見ると、魚の違いが見えたり、新たな知見を得て、らんちゅう飼育がもっと広がるとお考えの庄村さんは、仲間に積極的に表に出るように提案されたそうだ。「顔を売ることにもなりますから」と笑っておられた。「山梨は温度差があり環境的には厳しい。若い人は仕事をしながらだからより大変だろうけど、若い人にもらんちゅうを広げないといけない」とおっしゃり、今後もご自分の飼育を突き詰めつつ、若手のこともしっかりと考えておられた。

2017年9月取材／東山泰之

山岡さんの飼育池は、お庭に125角のFRPが3面、150×120cmが1面と140×70cmが4面になる。二階のベランダには現在プラ舟の110が1面と80が5面設置されているが、このプラ舟は近々ジャンボプラ舟へすべて入れ替えるそうだ

楽友らんちう会第81回品評大会　当歳魚大の部　行司二

楽友らんちう会第80回品評大会　当歳魚の部　脇行司一

金魚人

行雲流水

自然の成り行きに任せ、魚を育む

「まぐれの1匹より、必然の1匹を！」継続を大切にする学者肌の若手

東京都在住

山岡　仁さん

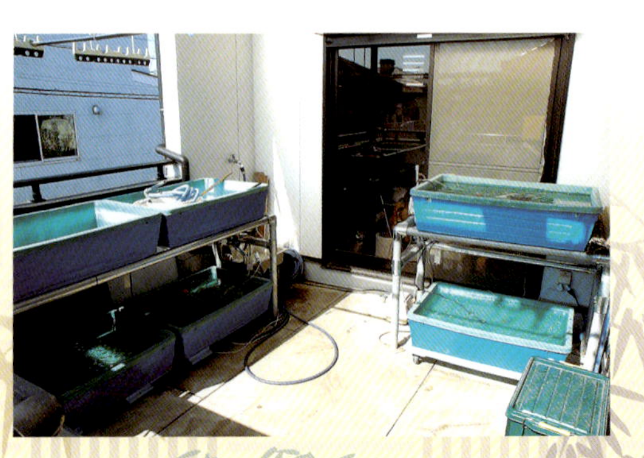

尾が軟らかく見えても、抱え込む泳ぎがよい当歳魚

当歳魚。堅すぎる尾はあまりお好みではない

第129回観魚会品評大会　当歳魚　寿の部　東前頭12枚目

当歳魚。この魚は種にしたいと思われ、会には使わなかったそうだ

当歳魚。会には使えなかったが、ムキムキ感がお気に入りである

卒業論文のテーマが熱帯魚ベタの仲間の分類という山岡　仁さん（37）は、筋金入りの魚好きである。子供の頃から生き物全般が好きだったという山岡さん、当時かららんちゅうは金魚の最高峰という認識を持たれていたそうで、芝公園で新藤氏のらんちゅうを見て、「シルエットが四角で、箱が泳ぐイメージ」に感動されたそうだ。その後、観賞魚雑誌などを調べ、自宅から一番近い葛飾愛魚会へ自転車で40分かけて通い、小学生で入会されたという。「親不孝者ですよ、らんちゅうやるなんて」と笑っておられたが、葛飾では日下さんや小田切さんにかわいがってもらったそうで、楽しく過ごされたようだ。その後、中学生になってからは学校が忙しくなったのもあってらんちゅう飼育は中断される。ご両親の「仕事をするまでは好きなことをやれ」という後押しもあり、大学も水産系へと進まれた。その間も魚の飼育が途絶えることはなく、様々な熱帯魚を飼育されていた。そして2011年に矢ヶ崎さんの優等魚を見て衝撃を受けたという。その頃、らんちゅうとは関係なく楽友会の安中さんと知り合うことになり、矢ヶ崎さんを紹介していただき、楽友会へと入会された。

学生時代はらんちゅうから離れていたが、その間の熱帯魚の飼育経験はらんちゅう飼育に活かされているという。グッピーでは大量の餌やりやそれに伴う水換えを、アピストグラマでは水質の調整を、そして卒論のベタでは遺伝や計測形質、これらすべてのことがらんちゅう飼育に役立っているそうだ。

「流行りの姿よりも自分が満足いく魚で勝ちたい」とおっしゃる山岡さん。四角いシルエットを理想とされており、矢ヶ崎系の魚を中心に安中さんの魚とご自分の魚をかけたものを交配するなどされている。5～6腹を仔引きされるが、場所の問題もあり、なるべく早めに減らすように心がけているそうだが、減らしすぎて種用がいなくなってしまう心配がジレンマだという。数を減らすことに躊躇はなく、改良品種というのはそういうものだというのはグッピーなどと同じとお考えで、「遺伝的なことしか考えないマッドサイエンティストですから」と笑われていた。「楽友は矢ヶ崎会長をはじめ、日らん常連の蒼々たるメンバーがいて、らんちゅうの本質を学べる恵まれた環境ですね」とおっしゃる。「1匹よい魚を作るのではなく、10年20年続けられるような魚を作りたい。それが“系統”だから」と積み重ねと継続の大切さを語られていた。理想の体現が楽しみであった。

2017年10月取材／東山泰之

村上さんのらんちゅう飼育場所は室内に作られており、そこに 130 × 130cm の FRP 池が 5 面、120 × 80cm の FRP 池が 2 面、150 × 90cm の FRP 池が 4 面を設置、屋外にも 200 × 90cm の FRP 池が 3 面置かれ、らんちゅう作りをされておられる

二歳魚

二歳魚

行雲流水

自然の成り行きに任せ、魚を育む

「今年から福山愛魚会の新会長を務め、らんちゅう作りも実践される！」

広島県在住

村上 春朝さん

当歳魚

当歳魚

当歳魚

当歳魚

当歳魚

2017年に第34回目の品評大会を迎える広島県福山市の愛魚家を中心にした福山らんちゅう愛魚会、その新会長になられた方が、ここで紹介させて頂く、村上春朝さん（57）である。

村上さんは、元来の生き物好きの方で、アロワナなどの熱帯魚、ボタンインコ、犬を二匹など生き物に囲まれた生活をしてきた方である。その村上さんがらんちゅうに出会われたのは会社の同僚がらんちゅうを仔引きされ、それを10匹もらい飼い始めたのが最初だと言われる。元々、熱帯魚の飼育経験をお持ちだった村上さんにとって、らんちゅうを飼うことそのものは容易だったに違いない。そのらんちゅうに110の練り舟を3つ用意されて飼い始めたそうである。その時からのらんちゅう飼育歴は9年になると言われる。「本格的にらんちゅう飼育を始めてからは5年ほどです」と村上さん、現在の村上さんのらんちゅう飼育場所は室内で、そこに130×130cmのFRP池が5面、120×80cmのFRP池が2面、150×90cmのFRP池が4面、屋外にも200×90cmのFRP池が3面置かれ、らんちゅう作りをされておられる。

所属会である福山らんちゅう愛魚会では、第31回品評大会で親魚で優等五席（取締二相当）、第32回品評大会で親魚で優等一席（東大関相当）などしっかりと戦績を残しておられるのである。今年は7腹仔引きされたそうで、5腹を残して育てられていた。

村上さんにらんちゅうの魅力を伺ってみた。「らんちゅうの魅力ですか？なかなか良いのが出来ないところですかね」と村上さん、「“いつかは作ってやろう！”っていうこの気持ちを持ち続けられるところですかね」と言われるのである。タイプ的には、「尾筒が太くて、張った尾を持って泳ぎの上手い魚」がお好きだと言われ、「でも出来ないですよねぇ」と笑いながら言われる。村上さんは、「沼隈四人衆」と呼ばれる、広島県福山市沼隈町在住の仲間とワイワイやりながら魚を楽しんでおられる方で、仲間からは「春ちゃん」と呼ばれ、楽しそうにらんちゅうを見つめられるのである。顔写真で右手に写っている方はそのお一人、藤原照輝さんである。

新会長となられた村上さん、「らんちゅうの会は競い合いの世界ですけど、ワイワイ、ガヤガヤ出来る楽しい会にしていきたい」と今後の福山らんちゅう愛魚会に望むことを口にされる。「やっぱり“和”です。“和”が何より大切だと思う」と言われるのである。村上さんの個人的な目標を伺うと、「福山の大会で当歳魚、二歳魚、親魚、総なめの優等賞を獲ること」だそうだ。「全国大会での目標はその後です」と村上さん、何より、自分の所属会の福山らんちゅう愛魚会に貢献されることを第一に考えておられるのである。

2017年10月取材／森　文俊

藤原さんの飼育場は、2017年に完成したばかり、135×135cmのFRP角池が４面、150×120cmのFRP池が２面など合計９面を使って飼育を楽しんでおられる

二歳魚　この魚で第64回備後鱗友会品評大会で二歳魚の部で東取締を獲得された。非常に良い魚であった

二歳魚　この魚で第９回広島らんちゅう会品評大会で二歳魚の部で西大関を獲得された

行雲流水

自然の成り行きに任せ、魚を育む

「今年、完成した飼育場で、お好きな“大きな魚”を育てる！」

広島県在住

藤原　繁さん

当歳魚

当歳魚

当歳魚

当歳魚

当歳魚

2017年に行われた第9回広島らんちゅう会（呉支部）品評大会で二歳魚の部で西大関、東小結、第64回備後鱗友会（尾道支部）品評大会でも二歳魚の部で東取締、親魚の部で西関脇、西小結を獲得された方が、広島県福山市在住の藤原　繁さん（62）である。

藤原さんがらんちゅう飼育を始められたきっかけは、2008年に藤原さん宅のご近所の若い方がらんちゅうを飼っていて、「それを貰って、水槽に入れて飼い始めた」ことだったと言われる。「その頃はただ飼っていただけなんですけど、餌を良くたべて大きくなる魚だなと思った」そうである。

福山の武田悦男さんと知り合いだったこともあり、武田さんから「らんちゅうを飼うなら仔引きをしてみれば？」、「品評会に行ってみたら？」と誘われ、福山らんちゅう愛魚会（福山支部）に3年前に入会されたと言われる。

実は藤原さん、幼少期から生き物好きだったと言われ、秋田犬を19歳の頃から飼育、「秋田犬は25年以上やりました。秋田犬の広島県支部にも所属していました」と藤原さん、10～18ヶ月の若犬の部では全国8位の成績をお持ちなのである。

福山の会に入会され、そこで石田一男さんや笹井史治さんと知り合いになられ、より一層、らんちゅう飼育に熱が入られたようである。現在の藤原さんの飼育場は、ちょうど2017年に完成したばかりで、135 × 135cmのFRP角池が4面、150 × 120cmのFRP池が2面、150 × 90cmのFRP池が3面の合計9面を使ってらんちゅう飼育をされておられる。飼育水はピンと澄んでいて、池の隅々まで綺麗に掃除されており、そこを泳ぐ魚も気持ち良さそうであった。藤原さんが魚を見ながら、きっちりと日常管理されていることがひと目で判ったのである。

今年は6腹仔引きされたそうで、しっかりと育てられた当歳魚が群泳していた。藤原さんにとってのらんちゅうの魅力を伺ってみた。「魅力ですか？私は生き物は大きいものが好きなんです」と藤原さん、らんちゅうの二歳魚、親魚での戦績が目立つのだが、やはりがっちりとした魚がお好きなようである。

「目標は日本一ですよね？」と伺うと、「いえいえ、そんなことはありません」と謙遜される藤原さん、「楽しんで飼えることが一番です」と微笑みながら答えてくださった。しかし、品評会に出品されておられ、ましてや秋田犬で全国8位の成績をお持ちの藤原さん、当然、狙うは品評会の東大関であることは間違いない。藤原さんのお好きな大きく育てた二歳魚、親魚の部門を中心にして、頂点を目指されることは間違いないだろう。

2017年10月取材／森　文俊

雨中の撮影になってしまった羽鳥さんの飼育場。あまりの豪雨で足下も池状態になってしまっていた。お使いの舟はFRP150×120が1面、130×110が2面、130×90が1面、それにプラ舟100×70が2面と産卵用の100×60が1面である。給水の配管やしっかりとしたフタなど、使い勝手やセキュリティも万全な設備である

当歳魚

当歳魚

行雲流水

自然の成り行きに任せ、魚を育む

「目標はコンスタントな日らん入賞」頼れる兄貴を追い越すことで恩返し

神奈川県在住

羽鳥容平さん

当歳魚

当歳魚

第61回日本らんちう協会全国品評大会　当歳魚　東前頭30枚目。日らん初入賞の思い出深い魚である

まずは当歳魚をしっかり突き詰めたいそうで、二歳や親を考えるのはまだ先と考える

当歳魚。オスのスタイルがお好きで、残っている魚はオスが多くなるそうだ

第61回日本らんちう協会全国品評大会当歳魚東前頭三十枚目が日らん初入賞であった羽鳥容平さん（45）、「三度目の正直でした」と、日らん3回目の参加で結果を得られた。

羽鳥さんのらんちゅう飼育歴は8年になる。元々は奥様がお父さんから金魚をもらったそうだが、うまくいかなかったのが悔しく、新たに買ってきて、80リッターほどの容器で普通に飼われていたそうだ。その後、静岡の病院へお父さんが通院していたことから、その待ち時間に近くの観賞魚センター川口を訪れ、会用のらんちゅうに出会ったそうだ。それまで見ていたらんちゅうとは違う姿に驚かされ、店主の川口さんの勧めで観栄らんちう会の大会を見学され、本格的にらんちゅう飼育にのめり込まれていった。らんちゅうを飼うスペースと駐車場のあることを条件に現在のお住まいに越したのが7年ほど前になる。始めの2年ほどはいい魚同士を交配すればいい魚ができると思われていたそうだが、何腹とってもいいのができない。湘南らんちゅう会で安田英一さんの魚はなんでいいのか？と思い、安田さんのお宅へ見学へ出向かれたそうだが、「餌やって水換えするだけ」とだけ安田さんに言われ、そこから再スタートを決められたそうだ。しかし、そのつもりになったら卵がうまくとれなくなるという問題もでたが、そんな時も安田さんの存在が助けになったそうだ。卵や青仔を分けてもらい、現在も安田さんの系統魚で魚作りをされている。

「目標はもちろんトップを獲りたいけど、一線でやり続けたいですね」とおっしゃる羽鳥さん。出勤前に一通りの世話をされ、帰宅後はライトをつけて世話をされている。「最初は水槽の魚という印象でしたが、品評会のある魚とわかって印象が変わりましたね」と言われ、最初にうまくいかなかったから、余計にどうにかしたいという思いもあったそうだ。それでも理屈ではわかっていてもうまくいかないのがらんちゅうとの思いも持たれ、ひとつひとつ課題をクリアしていくことを心がけておられた。「自分は一腹から数匹残ればなのに、安田さんは一腹しか採らないのに会用魚がいくつも出る。違うんですよね」と、身近にある高い壁を意識されていた。当の安田さんも「この辺りでは当歳では誰にも負けないってなってほしいですね」とおっしゃっており、期待されていた。その想いに応えるための動きをしっかりされている羽鳥さんである。師匠越えをすることでコンスタントな成績も残されるようになるだろう。

2017年10月取材／東山泰之

『金魚屋うらちゃん』の店内には練り舟が18面置かれており、人気品種の質の良い金魚が泳いでいた

日本オランダ

日本オランダ　浦田さんが得意とする品種である

行雲流水

自然の成り行きに任せ、魚を育む

「金魚の生産地、熊本県長洲町で、多品種の金魚を生産、販売する」

熊本県在住

浦田 智和さん

『金魚屋うらちゃん』
〒869-0104　熊本県玉名郡長洲町上沖洲245
TEL. 090-7537-5553

“変わり竜” 穂竜の多色タイプである

“変わり竜”

第99回錦蘭会品評大会で、二歳魚の部で東関脇に入賞した浦田さんの魚

土佐錦魚　長洲町金魚品評大会で一席を獲得された

当歳魚　しっかりと作られた魚である

熊本県玉名郡長洲町は、東京江戸川、愛知弥富、奈良大和郡山と並ぶ、金魚の産地として知られている。その長洲町に新たな金魚専門店『金魚屋うらちゃん』を開店されたのが、浦田智和さん（41）である。浦田さんは長洲町の出身で、金魚掬いで掬った金魚の飼育から始められ、18歳の時に、長洲町で売られていた更紗琉金を見て、金魚好きが決定的になったと言われる。「仕事をするようになって、金魚を飼育する容器を増やしていく生活」を送られたそうである。「だって最初の給料で水槽を買っちゃったぐらいですから」という浦田さんなのである。

2017年にお店をオープンされ、同時に、長洲町養魚組合にも加入された。長洲町養魚組合の14番目の組合員になられ、もちろん、最も若手の組合員である。長洲町はジャンボ獅子頭（長洲オランダ）で有名な場所だが、金魚の生産地としては知名度は高くはない。そういった部分を長洲町は金魚での町おこしにも積極的なので、浦田さんも尽力されることだろう。

浦田さんの得意とされる金魚、お好きな金魚は「らんちゅうと日本オランダ」と言われる。日本オランダは、長洲町の金魚品評大会に、日本オランダの愛好会、『肥後獅子会』の会長が日本オランダを出品された魚を見て、「凄い金魚だ！」と思われて飼い始めたと言われる。浦田さんの飼育方法に日本オランダは合ったそうで、その後、肥後獅子会の品評会では、一席を4度獲られるまでになられたのである。また、らんちゅうも、4年前に日本らんちう協会西部本部所属の日蘭佐賀（佐賀支部）に入会され、日本らんちう協会にも所属され、全国大会への出陳もされておられる。「らんちゅうは佐賀の会長になられた東　秀明さんにお世話になってきています」と浦田さん、錦蘭会や全国大会でも戦績を残すまでになられた。

『金魚屋うらちゃん』の店内には練り舟が18面置かれており、土佐錦魚や穂竜、東錦やブラックらんちゅうまで人気のある品種を中心にストックされておられた。店外にはFRP池が6面設置されており、そこで日本オランダやらんちゅうを育てておられる。日本オランダは例年2〜3腹仔引きされており、らんちゅうは2018年から1腹はやってみようと計画中だと言われる。やはり金魚専門店なので、お客さんが喜んでくれる金魚の品揃えは不可欠なのである。

浦田さんの目標を伺ってみた。「やはり、らんちゅうも日本オランダも一番になることです」と浦田さん、金魚に対する熱い気持ちを持った方なのである。

2017年10月取材／森　文俊

二歳魚作りに取り組み やっと、やっとの 横浜本大会で成績を残せた 飼育六年目 (^_^;)

東山泰之（金魚伝承編集子）

一からやり直しということで昨秋に何人もの方にお話を聞き、アドバイスをいただいた。それを踏まえ、冬の売り立て会で魚を導入。弐蔵会、そして秋の大会へ魚を出すために取り組んだ今シーズン。結果としてはふたつの大会でやっと役を獲ることができ、結果を残すことはできなかったが、日らんにも連れて行くことができた。

自分で飼いたいと思う魚、好きな魚を選ぶというテーマを持ち、全体のシルエットを見ながら選んだつもりであったが、やはりまだ部分的に見ていたり、逆に見落としていたりするところがあった。聞いてすぐに出来るようであれば苦労はない。それでも多くの人にアドバイスをもらったことを糧に魚を見て、飼ったものであった。

浜松売り立て

2016年最後のらんちうイベント、浜松愛魚会の売り立て会に赴いた。

地元横浜の売り立て会で魚を入手はしたものの、「大きくなれば」「頭が出れば」といった感じに願望の部分が大きい。好みの魚を探したものの、それで勝負できるかと言えば心もとない。いままで飼ってきた魚で気に入っていたものに浜松系の魚が多かったのもあり、この場でしっかりと戦力になる魚を探そうというものだった。

会場は錦友会でおなじみの（株）清水金魚である。倉庫内から広場までびっしりと洗面器が並べられていた。表だけで100以上。倉庫内はさらに詰め込まれており、全部で500面を超えるかという具合で、それが一巡では終わらなかったりもするから驚きである。開始30分ほど前に到着したが、１巡目の魚で８割ほどがすでに埋まっていた。早速、物色を開始するが、すでにもう会場内は戦争状態。ただでさえ洗面器の間が狭いのに、そのわずかな隙間も人で埋まる。最初の方で目に留まった素赤の魚がいたのだが、あれよあれよと言う間に札が入り、思った以上の値付けになった。「今日はこれくらいの相場なのか？」と目安にしてみた。ニ列目中断には鈴木和男さんの魚たちが並んでおり、１匹森氏が目をつけた魚がおり、それなりに札が入っているが札入れ参加。しかし、さすがという感じにどの洗面器にも山のような札が入る。高めの設定で勝負に出たものの負けであった。広場の方には安藤 寛さんや小山徹志さんの魚が並んでいる。安藤さんの中には横浜の研究会で三位になった魚もおり、やはり多数の競り合いになっていた。そして自分は小山さんの１匹に入札。順番がくるまでには時間がかかり、昼休憩の後にまでなった。その間、しばらくは誰も入札はしてなかったのが、確認に戻る度

売り立て会　浜松愛魚会

11月の横浜での売り立てで魚を入手したものの、それだけで勝負できるか？と言われれば心許ない。ということで12月11日浜松愛魚会の売り立て会に赴いた。会場はいつもの清水金魚である。開始時間前には到着したのだが、すでに一順目の洗面器はほぼ埋まっていた。その数はやはりとんでもない。見てわかるように、文字通り足の踏み場もないほどである

に札が増えている。出品された方々はもちろん多く入札があった方がよいだろうが、こちらとしては複雑である。幸か不幸か、自分の周りは有名な方が多い。選んだ魚を前にして話をしてると目立つのか？とも思ってしまう。それでもなんとか勝つことができて初ゲットであった。

一通りが終わり、ニ巡目の振り分けが行われた。その中にはお目当にしていた平野睦ニさんの魚もいる。相変わらず？まずは面白に目が行くも、気になるとこもあり、やや細いものの小窓の魚に入札した。もう1匹、中川元吉さんの魚も気にはなったが、種なら文句なしだが、会用としては自分にはハードルが高いということで断念。これも結果はかなりの競り合いとなっていた。ここでは洗面器に入った魚は触れることはできないので、横浜のように背腰や皿を見せてもらうことはできないのだが、出品した方を見つければ話を聞くことはできる。自分も平野さんに直接話を聞けたものだった。結果、これも落札でき、この日は小山さん、平野さんの2匹を購入することができた。3匹導入目標で来たが、結果は2匹。それでもお目当にしていたお二人の魚をゲットできたし、総数的にもいいところであった

二歳作り　12月

横浜、浜松の売り立て会で入手した魚たちは、とりあえず調子を崩すことなく導入できた。手に入れたところで安心してしまうのが相変わらず甘いところである。二歳会が行われるのは3月の第三週。あと三ヶ月しかないということで、魚を入手したからと安心している場合ではないのである。まずは3月に14cmという目標を立てた。このサイズが曲者で、よく話の中でも◯◯cmで…とあるのだが、いつも見ていて思うところとその大きさが一致しない感覚があった。「15cm」と言われても、そこまでに見えなかったりもしていた。実際、自分の魚もいつもいつも小さいと感じていたりもしていたものだ。しかし、実際に定規を当ててみると、思っていたよりもあることがわかる。10cmないんじゃないのか？と思っていた魚が、11cmを超えていたりもした。このあたりの感覚も鍛えないといけないところである。

導入した魚は5匹である。

1号　大渕 功氏作出魚

初年度のトラウマというか、好みというか、どうも面白に意識がいく。模様もそうだが、まずはシルエットが気に入って選んだと言っておこう。全長11.5cm。サイズが一番の問題なので、全体を伸ばさないといけない魚。

2号　吉成志朗氏作出魚

体のラインと尾型が気に入った魚。全長13cm。サイズはあるのだが、頭はさみしいのどうしても体後半が目立つ。頭を出すために、粒餌より赤虫主体とアドバイスをもらった。

3号　矢作雄一氏 作出魚

11月下旬に、「ニ歳やるならやってみる？」と譲っていただいた魚。過去何度も魚をいただいているが、まともに育った姿をお見せできていないので、これが最後との思いでいただいた。全長11.5cm。この魚もまずはサイズを伸ばすことが課題だが、昨年いただいた当歳は、腸満にして秋前にダメにしてしまったが、ニ歳会の時には少しはサイズアップできていた。その経験を活かしたいところ。

4号　小山徹志氏作出魚

横浜での売り立てでは競り負けていたので、気にしていた作出者であった。この魚よりもサイズのある魚も出品されていたが、色柄とシルエットでこちらを選んだ。全長12cm。背のラインに少しへこみが見えるが、肉が付けば二歳では問題

導入魚　12月

1号　大渕 功氏作出魚
「また面白か！」と言われたものではある。好みと言うか、初年度のトラウマというのか…模様もそうだが、シルエットが気に入って選んだのだからしょうがない。全長11.5cm。サイズが一番の問題なので、全体を伸ばさないといけない魚

2号　吉成志朗氏作出魚
体のラインと尾型が気に入った魚。全長13cm。サイズはあるので、頭をどうにかできるかどうか。パッと見、尾型があるため後半の方に目が行ってしまう。粒餌より赤虫主体とアドバイスをもらったものだ。

3号　矢作雄一氏 作出魚
11月下旬、「二歳やるならやってみる？」と譲っていただいた魚。今までことごとくちゃんとできなかったのを性懲りもなくというところであるが、一度くらいはしっかり見せたい。最後の魚のつもりでいただいた。全長11.5cm。これもまずはサイズを伸ばすことが課題。昨年の当歳は、腸満にしてしまい秋前にダメにしてしまったが、二歳会の時には少しはサイズアップできていた。その経験を活かせるか？？

4号　小山徹志氏作出魚
横浜売り立てでは競り負けていたので、浜松の売り立てで狙いをつけていた作出者。小山さんの出品魚でさらにサイズの大きい魚もいたが、色柄とシルエットでこちらを選んだ。全長12cm。背のラインに少しへこみが見えるが、肉が付けば二歳ではまったく問題にならないだろうと判断。サイズも幅もあるので、素直に伸ばしていければと思う

5号　平野睦二氏作出魚
初年度のお気に入り面白の作出者が平野さんであった。そのシルエットが好みで、機会があればまたと思っていた方で、今回の浜松売り立てでも狙っていた。面白もいたのだが、少し気になるところがあったので回避。全長13cm。サイズはある。しかし問題はこの幅。しばらく餌を切っていたそうなので、まずは幅を戻すことが先決。肉のついた姿を想像しながらガッツリの餌やりである

6号　小山徹志氏作出魚
浜松の売り立て直後、「これも飼ってください」と小山さんが送ってくれた魚。「面白じゃないし（笑）、少しクセあるけど」とのことであったが、面白好みは置いといて、クセは気になるほどにも思えず、ありがたいことであった。全長11.5cm。上の個体とほぼ変わらないサイズで、やはりこのバランスを崩さないよう飼うようにしたものである

1月

1号　11.7cm
変わらん？と思っていたが、実際ほとんど大きくできていない。全体的にのばさないといけない魚だったので、人工餌料に赤虫とフルに食わせていたが、尾ビレの透明なとこが伸びた程度か？？

2号　13.3cm
これも見た目ほとんど伸びていない。頭を出さなければいけないので赤虫メインの給餌だったが…気持ち出たか？というのは願望が見せる幻覚か

3号　12.5cm
1号と大きさで並んでいたもので、やはり全体のサイズアップ目標なので同じメニューだったが、途中から引き離したように見えていた。実際測ってみると、一番育っているという結果になった

4号　12.8cm
入手時からサイズも幅もあったので、素直に伸ばせばというところで無理なく人工メイン＋赤虫給餌。1cmアップと言いたいところだが、辛めに刻む

5号　13.5cm
サイズはあったので肉付けが必要なのだが、全然付けられない。気持ちサイズアップはしたものの、横にも出さないとならない。人工餌料メインだが、さらに食わせるように考えないといけない

6号　12.6cm
この魚も素直に伸ばせばというサイズと幅を持っていたので、人工飼料をメインにして朝に赤虫を給餌。1cmアップとはいかなかったが、まずまず順調

2月

1号　12cm
すでに出来上がっていた感のある魚だったので、素直にサイズアップをさせたいとところであったが思うように大きくできない。人工餌料に冷凍赤虫を食べされるも、この冬の伸びは数ミリずつといった程度

2号　13.7cm
来た時からサイズはある程度あったので、頭を出させるように冷凍赤虫メインに人工餌料少々。見た目的にはほとんど違いがない

3号　13cm
最初の個体同様、人工餌料と冷凍赤虫が全体のバランスを保ちながらサイズアップさせるように。先月は１ヶ月で１cmアップの目標を唯一クリアした個体だったが、ややブレーキか

4号　13.5cm
これもバランスを崩さず大きくする要員。人工餌料やや多めに冷凍赤虫の飼育。見た目的には変わらずも定規を当ててみると、少しは変化があった

5号　死亡
ひたすら食わせて太らせようとしていたが、動きが鈍くなったと思い塩を入れるも死んでしまった。太らせるために人工餌料や冷凍赤虫を山ほど与えていたことが内臓に負担をかけ、限界を超えさせてしまったと考えられる

6号　13.5cm
緩やかながら順調。幅もそれなりについてきているようであった。人工飼料メインに赤虫を朝与えていた

3月　横浜観魚会弐歳会

慣れ親しんできた荒井市場の会場は昨年で閉鎖され、この弐歳会から横浜南部市場が新会場として使用された。広く水の処理も容易な場所で、屋根の下のため雨天時も安心である。車や電車でのアクセスも簡単になった

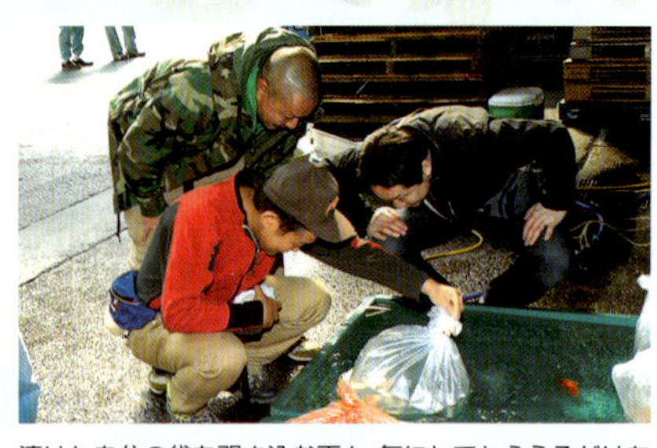

漬けた自分の袋を覗き込む面々。気にしてもらえるだけありがたいところか（汗）

例年に比べるとやや数は少なかったが、しっかり作り込まれた魚が集まった

審査風景

寒さの厳しい中であったが、遠くは四国、そして中部からの会員など、大勢の来場者で賑わった

2匹持ちこむも前頭東五枚目のみ。体はそれなりに作れたものの、弱点もはっきりとわかったものであった

にならないだろうと判断。サイズも幅もあるので、素直に伸ばしていければと思う。

5号　平野睦ニ氏作出魚

初年度のお気に入り面白の作出者が平野さんであった。そのシルエットが好みで、機会があればまた平野さんの魚を飼いたいと思っていたので、今回の売り立てでも狙っていた。面白もいたのだが、少し気になるところがあったので回避。全長13cm。サイズはあるのだが、見るからに細い。しばらく餌を切っていたそうなので、まずは幅を戻すことが先決。肉のついた姿を想像しながらガッツリの餌やりである。

6号　小山徹志氏作出魚

浜松の売り立て会場で、「自分のなんて落としてくれたんですか！？」「いえいえ、気に入りましたんで」なんて会話をしていたのだが、数日後「これも飼ってください」と小山さんが送ってくれた魚。「面白じゃないし（笑）、少しクセあるけど」とのことであったが、面白好みは置いといて、クセは気になるほどにも思えず、ありがたいことであった。全長12cm。売り立ての魚とシルエットはほぼ同じ。やはりこのバランスを崩さないよう飼うようにしたものである

それぞれの魚に定規を当てることで、目標までの具体的な差が見えた。ガンガン食わせるのから、赤虫メインのもの、全部が全部一緒ではどれもうまくいかなそうである。限られた舟では仕切るなどして餌食いは対処するしかないが、最大の懸念は水温。冬場にもしっかり食わせるためには保温が必要だが、屋外ではなかなか悩ましいところではある。最低気温が普通に一桁になってしまったのもあるし、食わせる水温を保つには室内に舟を置くスペースが必要であった。

二歳作り　1月

さて、導入後ひと月経ったところで身体測定。世話をしながら見ていても思うところはあったが、定規を当ててみると現実を見せられるものである。

1号　11.5cm → 11.7cm

変わらん？と思っていたが、実際ほとんど大きくできていない。全体的にのばさないといけない魚だったので、人工飼料に赤虫とフルに食わせていたが、尾ビレの透明なところが伸びた程度か？？

2号　13cm → 13.3cm

これも見た目ほとんど伸びていない。頭を出さなければいけないので赤虫メインの給餌だったが…気持ち出たか？というのは願望が見せる幻覚か。

3号　11.5cm → 12.5cm

最初の魚と大きさで並んでいたもので、やはり全体のサイズアップ目標なので同じメニューだったが、途中から引き離し

3月

1号　12.3cm
微妙にではあるが成長はしているものの、やはりサイズが思うように伸びていないので、弐歳会は使わず秋まで待機させることにした

3号　13.5cm
最初から秋目標にしている魚で、弐歳会は回避。ややペースは落ちたものの、ゆっくりと成長していた

6号　13.7cm
サイズはそれなりにきていたが、山梨錦城会への参加を考えていたため、横浜の弐歳会は回避させた

2号　14cm
なんとか目標サイズ14cmまではきた。伸ばそうとしていた頭もそこそこついてきたものだった。写真では付け違いに見えるくらいな尾で構えはいいのだが、右が強くなってしまったかと思っていたのだが、見てもらうとそこは問題なしとのことであった。ただ、止めが問題である。頭や体も成長したが、この部分も顕著になってしまった。これは確実に減点対象で、この先なくなるというものではないため、残念ながら会用としてはリタイアであった

4号　14cm
この魚もなんとか目標サイズにはなった。結果としては前頭五枚目東を獲得。気になっていたのは背のへこみである。背なりもきれいであるに越したことはないが、これも気にする必要はないとのことであった。しかし上に並んだ魚たちに比べると差は大きい。今の段階ではアピールする点が弱かった。目幅、背から尾にかけての太さに磨きをかけるなどのアドバイスをいただいたものである。尾構えが劇的によくなることもないし、筋肉をつけて太みをもっとアピールできるようにするのが秋への課題であった

たように見えていた。実際測ってみると、一番育っているという結果に。

4号　12cm→12.8cm
スタート時からサイズも幅もあったので、素直に伸ばせばというところで無理なく人工メイン＋赤虫給餌。1cmアップと言いたいところだが、辛めに。このままいけばいいか。

5号　13cm→13.5cm
サイズはあったので肉付けが必要なのだが、全然付けられない。気持ちサイズアップはしたものの、横にも出さないとならない。人工餌料メインだが、さらに食わせるように考えないと。

6号　12cm→12.6cm
この魚も素直に伸ばせばというサイズと幅を持っていたので、人工飼料をメインにして朝に赤虫を給餌。1cmアップとはいかなかったが、まずまず順調。

この1ヶ月で1cmアップをクリアできたのは1匹のみという結果であった。幅を頭をというところはほとんど変化はなし。まだまだ食わせる事は必要なようであった。

二歳作り　2月

1号　1月11.7cm→2月12cm
すでに出来上がっていた感のある魚だったので、素直にサイズアップをさせたいとところであったが思うように大きくできない。人工餌料に冷凍赤虫を食べされるも、この冬の伸びは数ミリずつといった程度。

2号　1月13.3cm→2月13.7cm
来た時からサイズはある程度あったので、頭を出させるように冷凍赤虫メインに人工餌料少々。見た目的にはほとんど違いがない。

3号　1月12.5cm→2月13cm
最初の個体同様、人工餌料と冷凍赤虫が全体のバランスを保ちながらサイズアップさせるように。先月は1ヶ月で1cmアップの目標を唯一クリアした個体だったが、ややブレーキか。

4号　1月12.8cm→2月13.5cm
これもバランスを崩さず大きくする要員。人工餌料やや多めに冷凍赤虫の飼育。見た目的には変わらずも定規を当ててみると、少しは変化があった。

5号　1月13.5cm 写真を失敗したわけではない。お亡くなりに。サイズはあったがなにしろ細かったため、ガンガン食わせて太らせることを目標にした魚。ある日、やや動きが鈍く餌への反応もイマイチだったため、塩を入れて養生へ。不調を感じた時は、まずこれで対処してみている。大抵1日か長くても2日目には普通になっていたものだったが、この魚は3日目に浮いて死んでしまっていた。考えられる要因としては

4月

1号　12.7cm
微妙にだが伸びてはいる。横浜観魚会の後房総らんちう会の二歳会も見たが、このサイズの魚は出てはいた。ただ、秋にはそれなりになってないと話にならないだろう

2号　死亡
そこそこ日中暖かな日が続くようになった頃、背中を出して浮いてしまった。以前にもこのような症状の魚は経験しており、水換えと塩の投入を行うことで数日で回復していたのだが、今回は改善せず。一週間ほどで死亡してしまった

3号　14cm
こちらもゆっくりながら伸びている。二歳会までに14cm目標だったのでひと月遅いのではあるが、もう少しでもペースアップできれば秋のサイズにできるか？？

4号　死亡
弐歳会から二週間が過ぎた頃、前日の夜、水換えをして、翌朝には普通に赤虫にも反応していたのだが、その晩に帰宅した時には横倒しに浮いてしまっていた

6号　14cm
動かしていないためか問題なくきている。サイズもひと月1cmはクリアできないものの、少しずつは育っていた

5月

1号　13.2cm
見た目ではほとんど成長していない感じであった。定規を当ててみると微妙にではあるが育ってはいる。なんとかペースアップさせようと余るほどの餌を投入してはいるものの、成果は見られず。尾型もしっかりしておりシルエットもそれなりで泳ぎも素直なのであるが、問題はサイズ。そして真っ直ぐ泳ぐために気づき遅れたが、やや尾芯が振っていた

3号　14.5cm
最初ほどのペースではないが、着実にサイズアップはしてきていた。頭や幅もしっかりとついているのはよいのだが、その分尾がさみしく見えてきていた。当時はなんとなくという感じに見ていたが、それがその後大きな問題になっていくことになるとは気づいていなかった。この辺り、先を見る想像力はまだまだ足りていないものであった

6号　14.5cm
山梨錦城会の二歳会へ持ち込んだ際の姿である。入手から約5ヶ月で体長は3cmほど伸ばした。バランスを崩すことなく頭も少しは付けることができた。泳ぎもしっかりとしており、クセを見せることなく洗面器の真ん中に出てくる泳ぎを見せてくれていた。願わくばもう少し太みをつけたいところではあった

5月21日　山梨錦城会弐歳会

すでに夏の陽射しが降り注いでいたが、屋内であれば問題ない。数は多くないものの、しっかりと作り込まれた魚が集まっていた。その中でこの成績を残せたことは素直に嬉しいものであった

審査は合議制。浜松の安藤さんも審査に入るが、この時点では自分の魚がいることはご存じない（笑）

なんと西大関を獲得。初の役魚が優等であった

消化不良などの内臓系か。太らせるために人工餌料や冷凍赤虫を山ほど与えていたことが限界を超えさせてしまったと考えられる。残念なことながら、切り替えるしかない。

6号　1月12.6cm→2月13.5cm

緩やかながら順調。幅もそれなりについてきているようであった。毎日見ていると気づきにくいが、定規をあてると違いが見えてくる。人工飼料メインに赤虫を朝与えていた。

寒い日が続くかと思えば、いきなり春のような陽気になり、そしてまたすぐに冬に戻るといった不安定な気候。こんな時にはまた調子を崩してしまうことも多い。気をつけつつ、横浜観魚会の弐歳会まではもう残り1ヶ月である。

二歳作り　3月　横浜観魚会弐歳会

2017年の二歳会が開催された。本年度からの横浜観魚会の会場は横浜南部市場である。高速道路や電車の駅も至近で、交通アクセスは格段に良くなった。場所も広く、屋根付き。雨も気にしなくてよいし、夏の陽射しからも逃れられる。会場の設営も滞りなく済み、秋の大会とはまた違うのんびりムードが漂う中、少しずつ人も魚も集まりだす。この日は暖かな予報が出ていたが、朝はやや肌寒い感じであった。昨年以来の顔合わせということもあり、様々な話で皆が楽しそうにしていた。

そして一次審査が行われ、優等魚を決定する最後の六匹審査へと進む。審査が終わり魚が並べばら、あとは歓談タイムである。気に入った魚がいれば、そこは順位に関係なく話が盛り上がるものであった。

さて、自分の二歳魚たち。会の前に今月の身体測定をした。

1号　2月12cm→3月12.3cm

微妙にではあるが成長はしている。サイズが思うようにならなかったのもあり、弐歳会は使わず秋まで待機。この後の気温上昇と共に成長することを期待する。

2号　2月13.7cm→3月14cm

なんとか目標サイズ14cmまではきた。伸ばそうとしていた頭もそこそこついてきた。写真では付け違いに見えるくらいな尾。構えはいいのだが、右が強くなってしまったかと思っていたのだが、見てもらうとそこは問題なしとのこと。

飼い主は毎日見ているので、気になる場所がより見てしまうというのはよく聞く話である。ただ、他に問題が。止めである。頭や体も成長したが、この部分も顕著になってしまった。これは確実に減点対象で、この先なくなるというものではないし、残念ながら会用としてはリタイアである。

3号　2月13cm→3月13.5cm

最初から秋目標にしている魚で、ややペースは落ちたものの、ゆっくりと成長中。暖かくなってからの変化を見守りたい。

4号　2月13.5cm→3月14cm

これもなんとか目標サイズにはなった。結果としては前頭五枚目東を獲得。いちおう洗面器には載ったが、エントリー総数に救われたか、下から数えた方が早いものであった。気になっていた背なりも、きれいに越したことはないが、気にする必要はないとのことであった。しかし上に並んだ魚たちに比べると差は大きい。今の段階ではアピールする点が弱かった。目幅、背から尾にかけての太さに磨きをかけるなどのアドバイスをいただいたものである。尾構えが劇的によくなることもないし、筋肉をつけて太みをもっとアピールできるようにするのが秋への課題であった。

6号　2月13.5cm→3月13.7cm

サイズはそれなりにきていたが、山梨錦城会への参加を考えていたため、横浜の弐歳会は回避。

連れて行った魚は気温との調整もあるため、二週間ほど前に室内から外の舟へと移動させた。目から腹への幅のラインもすっきりさせるように餌の量も赤虫中心にしてはみたものの、もう少し太さがあった方がアピールはできたかもしれな

6月

1号　13.2cm
サイズは本当に微妙にしか変わらない。しかし腹はしっかりとついてきてシルエット的にはすごく気に入っていたものである。問題は大きさ…

3号　14.8cm
成長速度はゆっくりめであった。頭も幅もついてきていた。しかし写真にしてしまうとわからないが、泳ぎに問題が出てきており、"撮りにくい魚"になりつつあった

6号　14.8cm
前の月に大会へ参加したが、その後も問題なく養生できたようで、すぐにしっかりと食べだした。サイズはそこそこアップだが、腹廻りがしっかりとしてきた

7月

1号　13.5cm
相変わらずよく食べ、よく泳ぐサイズ以外気にしていなかった魚だが、気温の上昇と共にすごい勢いで赤色が抜けてきてしまった

3号　15cm
こちらも気温の上昇と共に尾がどんどんと下向きに。体ができているだけに余計に尾に負担がかかったようで、さらに泳ぎが悪くなってしまった

6号　15.4cm
変わってなさそうでいて、定規をあてるとサイズはアップしていた。水温が高いためか、洗面器にあげると少々ばたつく泳ぎも見せることがあった。気持ち首が曲がったか？？

い。周りの魚たちの中には、秋大会で見るようなサイズのものから親？と思うようなものまでいたが、平均的なサイズまでは持ってこられたようであった。

二歳作り　4月

さて、二歳会も終わり、4月中旬には最高気温が20度を超えるようにもなってきた。

1号　3月 12.3cm→4月 12.7cm
微妙に、本当に微妙にだが伸びてはいる。横浜観魚会の後房総らんちう会の二歳会も見たが、このサイズの魚は出てはいた。ただ、秋にはそれなりになってないと話にならないだろう。ミリ単位で伸びてきてはいるものの、残りの期間はやはり1ヶ月1センチをどうにかクリアしたいものである。

3号　3月 13.5cm→4月 14cm
こちらもゆっくりながら伸びている。二歳会までに14cm目標だったのでひと月遅いのではあるが、もう少しでもペースアップできれば秋のサイズにできるか？？
そしてここからは二歳会に使った魚なのだが…
まず連れ帰った魚だけの舟に塩を入れて様子見。過去、帰ってから3日目に調子を崩すことが多かったので、そこまでは緊張の日々である。水曜になってもなんとか浮きもせず、餌を求めて動いてもいるので、まずは赤虫を再開した。そして一週間もする頃には人工餌料も元のペースに戻していた。なにも問題ないように見えていたのだが…

その後季節は着実に春に向かい、気温が20度を超える日があったり、かと言えば翌日は肌寒く感じるという具合に春先は非常に不安定であった。そして弐歳会から二週間が過ぎた頃、まず4号が死亡してしまった。前日の夜、水換えをして、

8月

1号　13.5cm
健康そのものなのだが、色抜けが止まらない。それどころか明らかに赤の面積も減りつつあった。他のと同じ人工飼料を与えていたが、この魚だけ色が薄れていく。

3号　15cm
この頃になると泳いでいる時には完全に尾を下ろしてしまっていた。壁際にきて止まるときにやっと尾を広げるような具合である

6号　16cm
微妙にではあるが着実に伸びていた。洗面器に入れると反時計回りで泳ぐことが多く、曲がってる？とも思ったが、洗面器のサイズの影響もあるようだった

9月

1号　14cm
色柄共にすっかり抜けてしまった。途中からこの個体には色揚げ用の餌も混ぜてはいたものの、効果はまだ見られなかった。各大会が始まるがサイズはやはり足らずであった

3号　15.5cm
頭から体はできていたものの、やはり泳ぎが問題。自分で見てもこの泳ぎでは“2”だなと思うもので、大会参加は諦めたものであった

6号　16cm
サイズは夏場にほぼ変わらず。水換えごとに洗面器にあげたためか、左回り中心からしっかりと真ん中を泳ぐようになったので、一安心で山梨へ連れて行くこととなった

翌朝には普通に赤虫にも反応していたのだが、夜帰宅した時には横倒しに浮いてしまっていた。一緒に連れて行っていた2号も同じ舟にいたのだが、こちらはその時点では問題なく泳いでいた。しかしその後、そこそこ日中暖かな日が続くようになった頃、背中を出して浮いてしまった。以前にもこのような症状の魚は経験しており、水換えと塩の投入を行うことで数日で回復していたのだが、今回のはなかなか改善せず。その後一週間ほどでそのまま固くなり死んでしまった。

周りに聞くと、帰ってからすぐに調子を崩し、結局落としてしまったり、問題ないと思って他の魚と一緒にしたら他のもダメにしてしまったという話もあった。かたやなんの問題もなく、その後に別の会に連れて行っても元気にしてるという方もいたりした。会に連れて行くということは、少なからず魚への負担にはなる。病気に罹ることもあるし、それまでに無茶をしていたのが移動などで内臓の変調をきたしたりもする。ただ、今回はしばらく経って落ち着きを見せてからのことだったのが悩ましいところであった。寒く水温の低い間はなにもなく、温度が上がったところで異常が表面化したものだったか。考えられる原因としては、やはり内臓系が疑わしい。気候が不安定で気圧か変わりやすいところへ、十分に回復しきってなかったのを見落とし、人工餌料をフルに食べさせたのが内臓への負担になったことが考えられる。同じメニューで食べていても、残していた魚は異常なかったのだから、動かした魚の体力的なものも影響もあるかもしれなかった。ただ、万が一周りに影響する病気だったら、連れて行かなかった魚と一緒にしなかったのは不幸中の幸いというところである。一緒にして殺していたらとゾッとする。日々の観察は抜けてはいけないというものであった。

9月　山梨錦城会第67回品評大会

山梨錦城会集合写真。横浜の仲間や沼津、浜松の知った顔も多く、魚を持ってきたことをいじられたものだった

青空と緑が映える素晴らしい会場であった

四部門すべての背腰係を勤める小山徹志会長

二歳魚格付け審査中。この時、一番奥の洗面器に自分の魚が入っていた。その結果を見ている緊張感に耐えられず、撮影に戻ったものであった

嬉しい西大関獲得。当然のことながら優等の獲得も初めてである。この時のサイズは全長16cm。太みもつき、しっかりとした泳ぎができていたので点が取れたか

5月21日　山梨錦城会弐歳会

立て続けに2匹を殺してしまい寂しくなったものの、反省しつつも引きずってはいられないのが実際のところ。このひと月の間で、季節は完全に春。というか夏？と思わんばかりに暑くなったかと思えば、夜にはまた急に下がったり、いきなりの土砂降りから蒸れという具合に不安定な日が多かった印象である。天気予報を見て、気圧が変化しそうだったり雨模様になりそうなら人工飼料を減らしたり止めたりといった調整をしていたが、そんな調子で先月までに比べると少し食べさせた量が減っただろうか？とも思えた。

そんな言い訳をしつつ、今月の身体測定。

1号　4月 12.7cm→5月 13.2cm

じわりじわりとではあるが伸びてはいる。が、伸びないよりはマシとは言え、このままのペースでは秋になってもサイズは不十分。餌のメニューや頻度を変えたりとの抵抗を試みるところ。

3号　4月 14cm→5月 14.5cm

ひと月1cmとはいってないものの、ほぼ5mmペースでは育っている。ただ、それでもこのペースではやはり心もとない。こちらもやるとすれば餌がらみのことだろう。

5月21日は山梨錦城会の弐歳会へお邪魔した。会場は南アルプス市南岳荘の駐車場、そこにある談話室のような室内で行われた。この日は完全に夏日。山梨の盆地はさらに暑い。会場が室内でよかったと思えた陽射しの強さであった。

審査は合議制で行われた。ここでなぜ突然山梨に？というところだが、実は昨年12月の浜松愛魚会での売り立てで小山さんの魚を競り落としたのであるが、帰ってすぐ、「これも飼ってください」と小山さんがもう1匹魚を送ってくれていたのである。その魚をお見せする目的もあり、小山さんには弐歳会へお邪魔することは伝えていたものの、入会することは黙って魚をこっそりと持ちこんだものであった。会場に着き、小山さんに挨拶する。そして「入会したいんですけど」「え？」「魚連れてきました（笑）」「マジですか！！」なんてやりとりをしつつ参加。「まさか魚連れてとは思いませんでしたよ」と驚かれていたが、いい結果を残せてさらに驚いていただけただろうか。

9月　平成29年度日本らんちう協会東部本部品評大会

終日雨の中での大会になってしまったが、早い時間は雨足が弱まり、集合写真が撮れて安堵したものだった

東京タワーも雨雲の中に入ってしまっていた

審査途中に覗くと19点の舟に泳いでいた。20点以上の舟の魚の数を数えてみると、すでに17匹を超えている。ということで役なしは早々に知ってしまった

結果は西前頭六枚目。サイズは山梨の時と変わらず全長16cm。山梨の後しばし餌を抜いたりもしたので、育つわけはないのだが、微妙に腹周りが減っていたか

審査中が最も強く降っていたが、魚が並び始めても雨は降り続いていた。それでも皆さん魚が並べば関係なく洗面器周りに集まってくる。風がなかったのが救いであった

おなじみとなった支部対抗戦。去年に続き房総らんちう会が二位に大差をつけての優勝。二連覇であった。普段お世話になっている会の好成績は嬉しいものであった

魚は洗面器に直接入れ、合議制の審査の後、洗面器ごと移動させて順番に並べ替えるというやり方。他の魚と混ざらないことで万が一の病気予防にもなっていた。そして動かされた洗面器は三番目、なんと立行司という位置に！？こっそり嬉しさを噛み殺していたものだった。

9/3　山梨錦城会 第67回品評大会

早朝、戸塚駅にて横浜観魚の鳴海さんの車に拾ってもらい、一路中央道へ。この日は山梨錦城会の品評大会へ参戦。春の二歳会時に入会しており、歴とした会員だったりするので魚も連れてである。会場は甲府インターからすぐの曽根丘陵公園、コンサートでも使える屋根付きの場所である。先日のノロノロ台風の影響も心配されたが、風も前日まででなくなり、この日は少し暑さが戻った程度な絶好の品評会日和であった。

9月　横浜観魚会第107回品評大会

新会場である横浜南部市場に移ってから始めての本大会である。あいかわらず中部や西部からも仲間が集まり、大勢の笑いに溢れた大会であった

二歳魚審査中。自分の魚が気になるところではあるが、バタバタしていて途中経過を見る余裕がなかった。結果は洗面器にあがってから知ったのであった

新会場の陳列は屋根の下である。もう万が一荒天であっても心配はない。広さも余裕があるので、魚が入った後はそこかしこで魚談義の集まりができていた

さて、自分がエントリーしたのは、当然弐歳会のあの魚である。山梨錦城会は当歳魚から審査が行われる。大小の二部門があり、次々にあがってくる当歳の撮影を進めていた。少し切りが着いたところで、ニ歳の審査を覗きに行く。すると優等を決める六面審査の段階で、なんと自分の魚がその中にいたのである。が、小心者のためその結果を見守っていられずに撮影へと戻った。しばらくすると魚係をされていた鳴海さんが通りすがら「おめでとうございます、西大関ですよ！」と声をかけてくれた。その後もいろんな方に祝福の声をかけていただき、ありがたい限りであった。そして産みの親小山さんが「やりましたねー！おめでとうございます」とがっちり握手。無事に見せることができ、弐歳会の時よりも成績もあげられ、喜びを噛み締めたものだった。

最後にオチ？もひとつ。今までろくな戦績がないものだから、大会での優等獲得なんてのはもちろん初。そして優等には役魚料というものがある。別名写真代ともいうのだが、撮影が終わった後だけになんか不思議な感覚であった。受付に並んでいると、前で精算をされていた斎藤宏典さんが「嬉しい出費ですよね」と声をかけていただき、嬉しい初体験であった。優等の賞品に中部副本部長賞、さらに県外会員にはワインまで！！しかも帰りには庄村副会長の家に寄らせていただき、文字通り抱えるほどのブドウまでいただいてしまった。賞品におみやげ、魚にカメラバッグとどこの買い出し人だ？という風体で電車に乗り込んだものだったが、楽しく実りある１日になったのであった。

9/17　平成29年度東部大会

この週末各地で猛威を振るった台風18号。中部や西部では延期や中止を余儀なくされ､残念な思いをされた会もあった。18号が発生してからこちら天気予報を確認するたびに沈む気持ちになっていたものの、週末に近づくにつれてどんどんと台風の速度が遅くなり、結局終日の雨となってしまったが、なんとか無事に終了できたのだった。

前日の準備日から台風の影響は考えられ、長靴にレインコートを用意して生麦海水魚の藤川夫妻の車で森氏と共に会場へ向かった。この日集まった全員が雨の中での作業を覚悟

親、二歳、そして当歳があがる。やはり当歳の人気は高く、あっという間に人の波が移動していく。親二歳はこのタイミングが見やすかったりする

矢作会長からの力のこもった祝福を受ける当歳東大関獲得の瀬野さん。周りからも祝福の拍手喝采。横浜観魚らしいひとコマであった

9月に三戦使ったことになる。サイズは変わらず16cm。わかりづらいが、山梨に連れて行った時に比べると少々ほっそりとなってしまった

この魚を知っている魚係の方から声をかけていただき洗面器に乗ったことを知った。行司一、横浜で始めての役魚を獲得した。

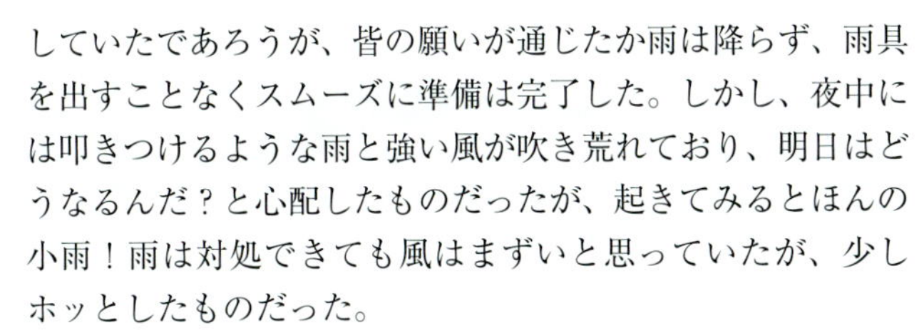

していたであろうが、皆の願いが通じたか雨は降らず、雨具を出すことなくスムーズに準備は完了した。しかし、夜中には叩きつけるような雨と強い風が吹き荒れており、明日はどうなるんだ？と心配したものだったが、起きてみるとほんの小雨！雨は対処できても風はまずいと思っていたが、少しホッとしたものだった。

誰もが雨合羽に長靴と雨中作業態勢である。降り続く雨の中受付もスタートした。幸運にも早い時間は小雨だったり、雨が止んだりもしたので、その間に開会式、集合写真を済ませて事なきを得た。審査員の担当部門がクジ引きによって決定し、三部門同時に審査開始。この頃には徐々に雨が強くなっていった。まずは親魚が六面審査へ。そして次々に魚が洗面器にあげられていく。そうなれば皆さん、雨だろうが関係なく洗面器周りに集まり出す。振り返れば、審査中が最も雨が強く、魚が並びだした頃から少しは弱まったので、観覧時はまだマシだったかもしれない。しかし、さすがにこの雨の中では撮影は困難ということで、魚係の方々に協力していただき役魚をテント下に連れてきてもらい、撮影も無事に終了。やっと仕事を終えたというタイミングで「まだ弁当も食べてないのにー」と不満を漏らしつつも笑って手伝ってくれる方々に感謝であった。

東部大会は支部対抗戦も行われている。その結果は、今年も房総らんちう会がぶっちぎりの成績で二位に大差をつけての二連覇。備品コンテナの管理も任されているので、最初から最後までの活躍であった。そしていい加減横浜観魚会のポイントに貢献しなければと二歳魚を連れて行ってはいたものの、結果は前頭西六枚目で1ポイントのみ。撮影途中で二歳の審査場を覗くと、すでに自分の魚は19点の舟を泳いでいた。その時点で20点以上の魚は17匹いる。ということで役なしが決定したのを早々に確認してしまっていたのである。役得で先に見られるというのもあるが、なんとも複雑な想いも抱くものである。ポイントなしの貢献度ゼロでなかった事がせめてもの救いであった。

9/24　第107回横浜観魚会品評大会

さて、新会場になっての本大会は初めてである。審査場や洗面器の配置などの心配もあったが、そこは慣れたメンバー。弐歳会、研究会での蓄積もあり、あっという間に大会用の配置も決まり前日の準備は滞りなく終了した。大会当日も天気は上々。遠方からの方々も早々に到着し、朝から会場は大勢の方で賑わっていた。そして受付も開始されると、そこの洗面器でもプチ審査会が行われていた。「1！」、「溜めで」といった声が次々上がる中、どんどんと仲間が集まり笑いが広がっていく。出している飼い主は「やめてー！早く池に入れてー」と楽しいやりとりの時間である。そんな和やかさも審査が始まればピリッと引き締まるものであった。

11月　日本らんちう協会第62回全国品評大会

魚の出品数も凄まじかったが、当然参加者も多いということ。高台から撮ることで画面に収めたが、一人一人の判別が難しいほどであった

会場入り。掲示物の用意もあるため、前日入りした。魚は携帯酸素でパッキングしてきており、気にしつつも準備の終わった会場へ残し、翌日を迎えたのだった

一晩置いていたので、朝ドキドキしながら袋の中を確認したものだった。そしていよいよ出品である。袋から取りだしバケツに入れ、用意した写真と共に受付へ持ち込む

この日の表彰式は感動的であった。主役は当歳 東大関を獲得された瀬野正樹氏。万感の思いを込めたガッツポーズで表彰の場へ。そして会長からの熱く強い抱擁での祝福を受けての素晴らしい笑顔であった。当然、周りの仲間からも祝福の嵐。誰もが瀬野さんの強い想いとひたむきの努力を知っているからこそであった。横浜に参加している人は誰もがこの場に立ち、会長に認められたいと思っているだろう。これぞ横浜観魚会というシーンであった。

そんな感動の後に個人成績だが、二歳魚 行司一を獲得。役魚に入れることができたのは素直に嬉しい結果であった。魚はもちろん、山梨、東部と一緒である。さすがにひと月に三戦は疲れが出るか。9月頭の山梨の時に比べると、腹回りがややほっそりとなっていた。山梨の時点での姿が自分的にはベストと思っていたこともあり、この日ももうひと張りがあれば成績はまた変わっていたかもしれない。なんにせよ、やっと横浜の本大会で成績を残せたのはうれしいものであった。そしてここまできたらこの魚を11月の日らんにも連れて行きたい思いに駆られた。残された時間は約一ヶ月間であった。大会での養生をしつつ、太みを取り戻すための飼育である。

二歳作り　10月

今年の10月は本当に不安定な天候であった。過去には雨やら台風はなくはないが、汗ばむ陽気だったのが翌週には最低気温が10度を切ったり、雨が降れば梅雨時期よりも長雨続きだったりもする。週末ごとの荒天で、これほど各地の品評大会が延期を余儀なくされたのも初めてだったかもしれない。前半こそ穏やかな感じではあったが、第三週の週末は雨、四週の週末は横浜にも土砂災害警戒情報やら避難勧告やらが出て、各地に大雨洪水波浪警報もてんこ盛りという状況で超大型台風21号が猛威を振るった。そして日らん直前の週末にも台風22号で強い風雨に遭う。この三週末とも品評会や愛好家の方の家を訪れていたものだったが、こうまでひどい状況が続いたことはなかった。もちろん途中途中で皆さん苦労されていただろうが、11月3日を間近に控えながらの台風には悩

二歳魚審査。凛とした雰囲気の中進められていく。この日二歳魚は194匹が出品された。洗面器に乗れるのは56匹。140匹近くが溜め池に残るという熾烈な争いであった

観覧風景。当歳はどこの会でも花形であるが、やはりこと日らんでの注目度は段違いである。開放されるのを今か今かと待ち、あっという間に人並みで洗面器周りが埋まってしまった

途中で審査場を覗くと18点の舟にいるのを発見。この段階ではギリギリ前頭の後半争いにいける？という数だったが、実際はまだ1/3の魚が審査を控えていたのであった

撮影していて、ふと頭を上げると正面には知った面々が。やることをやりきり、しっかりと結果も残され、素晴らしい笑顔を見せてくれた。こちら側に行きたいものである

ましい思いをされただろう。話を伺っていても調整の苦労話がよくでたものだった。

横浜観魚会の後、もうひと張りを出させるためには、まずはしっかりと食わせなければいけなかった。しかし、過去にもあったが、ただただ食わせるためにフードタイマーで粒餌を落とし続けた結果、消化不良などで充血させてしまったことも多かった。日中は見られないためタイマーに頼らざるを得ないのだが、このひと月は特に天気予報を見て、台風はもちろん雨や気圧の低下に気をつけた。気圧が変化するようだったら、タイマーからの餌の落ちる量や回数を調整するようにはしたものだった。水温もヒーターで19℃設定にしておき、こちらも予報を見て最後の1週間ほどで少しずつ下げる予定でいた。幸い、当日は冷えるどころかほどよく暖かな具合であったため、水温の心配はなくなったものであった。

11/3　第62回日本らんちう協会全国品評大会

日らんへはもちろん撮影という仕事で入るのではあるが、今年は魚を連れての大阪入りである。日らんの撮影はいつになっても少し違う感覚があるのだが、今年は余計な緊張感も持ちつつ迎えたものであった。連れて行くのは山梨錦城会、横浜観魚会で成績を残してくれた二歳魚である。9月第四週の横浜観魚会を終えてからの約ひと月。9月頭の姿に戻すべく飼育をしてきた。しかしこのひと月での天候状態は先に記したようにひどいものであった。そして最後の一週間ほどは舟を覗く度に「大丈夫だよな？」と今までにない緊張感を感じていたものであった。

大阪には前日土曜日入り。朝、無事を確認して携帯酸素缶でパッキング。魚のシルエットは思っていた姿にはなったとは思い、やれる事はやったつもりではあった。後は本番でしっかりと泳いでくれるのを願うばかりであった。少し水を多めに入れた袋を手提げ容器に詰め込み、なるべく揺らさないようにしながら駅へ向かった。大阪入りし、直接会場へと向かった。昼前には着いたが、もうあらかたの準備は完了していた。式次第などの張り出しを手伝い、夕方前には終了。同じく前日入りされていた九州の方々と一緒に魚を会場裏へ置かしてもらったものであった。置いていくのも気になるところではあったが、ホテルに持ち込んで中途半端に温度が上がるのもなんだし、酸素パッキングしてあるので問題はないだろうと判断したものである。

翌朝、早々に会場入り。すでにそこには多くの人が集まっ

10月末

1号　全長14cm。色柄抜けはやっと止まったがあいかわらず小さく、本来ならば二歳会で目標にしていたサイズにやっとなったものであった。これでは親にするのも厳しい

3号　16.5cm。使っていないためサイズは伸びているのだが、尾がついてきていない。水温が下がることで尾の張り戻しを期待したが、微妙に戻った程度であった

6号　日らん直前の姿である。サイズは変わらず16cmであったが、太みは9月頭のレベルまで戻せたとは思った。しかし、写真ではわかりづらいが、色つやはやや落ちていた

日らん帰りの6号。養生用に塩を入れた舟を用意した。1泊2日の旅であったが、とりあえずは落ち着いているようであった

ていた。当然、まずは置いていた魚を確認したいのだが、魚を置いた部屋の鍵を持つ施設の方がなかなか来ない。いろいろな方と挨拶を交わしながら、まだかまだかと思っていた。なんだかんだやっていて魚を見ることができたのは会場入りしてから1時間近く過ぎていた。袋の中でしっかり泳いでいる姿を見て安心したのであった。

用意していた写真を持って受付を済ませる。ここからは仕事モード一辺倒。開会式から集合写真、審査と進む。そして六面の格付け審査。いよいよ今年の日本一が決定される。番付の確定した親、そして二歳が次々と洗面器に上げられていく。ついに当歳魚も上がりだすと、一際大きな歓声が聞こえてきて、競い合う仲間たちからの祝福の歓声が続いていた。花形である当歳の注目度は当然高いが、親や二歳でもそれぞれに喜びがあり、ドラマがある。やはりこの場の洗面器に上がるという事は特別なことなのであった。やることをやりきり、しっかりと結果を残した面々の晴れ晴れとした笑顔が印象的であった。こんな笑顔が出来ることが羨ましい。

194匹が集まった二歳魚の中の1匹は自分のもの。結果、18点の溜め池であった。役得もあり、審査途中で点数池での位置を確認できたものであったが、ざっと見た数では前頭の末にギリギリかかるかどうかという点数であった。その後は撮影が立て込み、どれだけ上の点数の魚が増えたか確認することはできなかった。そして二歳の魚を頭からずうっと撮影し続ける。役魚が終わり、前頭に入る。十枚目、十五枚目、自分の魚が出てくるか？とカウントダウンしながら撮影を続けたが、二十枚目で全撮影を終了。洗面器に上がることはできなかった。「終わっちゃった」と心の中でつぶやいたものであった。あと1点、19点を取れていれば、最後の洗面器争いに加われていたかもしれないが、その1点のアピールができなかった。自分なりにできることをして持ち込んだものであるが、まだまだ力及ばずという結果であった。

戦争状態の撤収作業、全ての片付けも終わり、帰郷した。肩にかかるカメラバッグと魚のキャリーバッグがやけに重く感じられたものである。無事に終われてなによりであったが、魚を連れてということはいろいろな疲れを感じたものであった。頑張ってくれた魚は養生へ。この飼い主の飼育についてきてくれ、混シーズンを楽しませてくれた魚である。あと1点の加点ができるかどうかは、やはり飼い主次第である。頭か、太みか、色つやか、泳ぎか、尾型か、伸ばせる要素は多いし、餌やりや水の管理など考えられることはいろいろある。この魚がいたおかげで、飼育に関していろいろ考え、実践したし、なにより各地の品評会へ出向いたところ、「あの魚は元気？」

11月12日　横浜観魚会良魚交換会

勝敗が決まる緊張の瞬間。読み合い、化かし合い

これぞという魚がいたら札を入れる。他に誰も入らなければすんなりといくが、そうならないことがほとんど

横浜観魚会平成29年の最後の催しである。大会は勝負の場であり、この日が一番リラックスして楽しめるという話もよく聞く。ある意味勝負の場面もあるのだが、その言葉通り、和気藹々とした雰囲気に包まれた一日である

「今日は連れてきてないの？」と周りの方々との会話の架け橋にもなってくれたものである。気にしてくれた仲間や魚を譲っていただいた小山さんに感謝の一年であった。様々な面で大きな糧を得られたとは思う。しっかりと養生させたい。

11月12日　横浜観魚会良魚交換会

そして今年も新魚導入である。スッキリとした晴れの天気の日曜、横浜観魚会の良魚交換会が行われた。昨年までの売り立て会から諸事情によって交換会となったが、することは一緒である。今年はどんな魚が並ぶかと期待も膨らむ。

海のそばということもあり、前日からの強い風が肌寒さを倍増させていたが、会場は今年も大いに盛り上がった。昨年までは都合二巡する形で魚が入れ替わったが、今年はありったけの洗面器をならべることができたので、出品魚すべてを一気に並べることができた。「後から○○さんの魚が出てくるならそれを」「二巡目に賭ける」といった感じだったのが、すべてが並べられることで一気に吟味することができた。その分見る数が増えるので大変にはなるのだが、後ろを気にせず勝負にいけるのはよいことかとも思えた。

開始は10時。それまではそこかしこでらんちゅう談義に花が咲く。日らん以来の顔合わせの方も多く、大会後の養生や来季の話、関係ない話など、大きな笑い声も聞こえ、大会時とは違う和やかな雰囲気であった。

矢作会長が腰を下ろし、目の前に入れられていくすべての魚をチェックして仕分けを進めて行く。「これは1匹、こっちは2匹」といった具合に仕分けられ、魚係がバケツで洗面器へと運んでいく。用意された洗面器のほとんどがほどなく埋まっていった。魚が並べられて行くのと人波がほとんど同時に動いていたが、全てが入る頃には行列も散らばり出す。皆がお気に入りの魚を探あい、気になる魚がいればそこで仲間と相談したり、ジッとひとりで魚を凝視したりと、これもまた楽しい時間帯である。種用はもちろん、二歳や親で戦うためにも使える魚たちが並んでいる。このために池を開けてきた人、来期を見据えて魚を出した人、ここに来た皆が様々な思いを抱きながら、楽しめるのがこの日なのである。

注目度の高い魚の洗面器には次々と名前を書いた紙が入れられていき、11時、いよいよスタートである。札を回収した仕切り役が名前を呼んで確認する。その周囲は札入れした人はもちろん、どれくらいになるか？今日の目安は？と人だかりができていた。参加者からの札を集め、しばし沈黙の後、「○○さん」と勝者の名が呼ばれ、「おー」といった歓声があがる。そして勝った人は喜び、負けた人は切り替えて次のお目当ての魚へと移っていく。もちろん自分も参加。魚係を終えて、頭からひとつずつ見ていく。昨年いろいろお聞きしたこと、今年育ててうまくいった魚の尾の付き方や張り具合、入手時のスタイルなどを思い返しながら選んでいく。気になる魚がいたらしゃがみこんで上からだけでなく横方向からも見るようにしていた。そして何匹かの候補を決めた頃にはすでに最初の方の入札が盛り上がっている頃合いであった。

瀬野さん、丸山さん、高尾さん、秋元さん、大渕さんといった感じに目をつけた魚をもう一度見直すと、すでに山ほどの札が入っている魚もあった。むやみやたらに札入れする訳にもいかないので、その入札メンバーを見たり、森氏と相談したりとしながら、今シーズン楽しませてくれた小山徹志さんの魚に照準を合わせたものであった。バラバラの飼育者の魚を混ぜるよりも、同じ小山さんの魚なら今年育てた経験を活かすことができる。もちろん、出品されていた魚が気に入ったというのが一番大きいところなのではあった。が、結果は三戦一勝二敗(´Д`)勝負にでたつもりではあったが、上には上がいた。やはりここでも負けるのは悔しいものである。結局この日は1匹のみ連れ帰ることとなった。12月には今年も浜松愛魚会の交換会がある。これも楽しみな年中行事である。

二〇一六年
全国品評
大会総覧

金魚日本一大会

第23回金魚日本一大会　2016年10月23日

撮影／佐藤昭広

親魚の部　日本一大賞　東錦　山田智寛　農林水産大臣賞

当歳魚の部　日本一大賞　ランチュウ　藤井ウンベルト　水産庁長官賞

親魚の部

琉金の部１位　志村憲一
日本観賞魚振興事業協同組合理事長賞

出目金の部１位　吉田悠人

キャリコの部１位　佐藤昇造

和金の部１位　豊田悦郎
愛知県議会議長賞

朱文金の部１位　藤井和洋

コメットの部１位　藤井和洋
飛鳥村長賞

親魚の部

ランチュウの部１位　佐原政男
愛知県知事賞

オランダシシガシラの部１位　梶山喜久
愛西市長賞

土佐金の部１位　近藤　洋
海南こどもの国所長賞

地金・六鱗の部１位　福井利夫

頂天眼の部１位　岡部裕之

江戸錦の部１位　志村憲一
弥富市長賞

親魚の部

浜錦の部１位　中村廣子

丹頂の部１位　栗原雅也

花房の部１位　柚木金光

水泡眼の部１位　吉田浩之

パールの部１位　古川幸一

茶金の部１位　大森雄太

親魚の部

青文魚の部１位　荒内輝義

ナンキンの部１位　皿井重典

桜錦の部１位　櫻澤　健

蝶尾・パンダの部１位　渋川博彦

その他Ａ和金型の部１位　藤井和洋　白写り

その他Ｂ琉金型の部１位　東　英範　玉サバ
津島市長賞

親魚の部

その他Cオランダ型の部1位　木下尚司
五色ジャンボ東錦　中日新聞社賞

その他Dランチュウ型の部1位　幸田充浩
羽衣秋錦

その他ABCD以外の部1位　皿井重典　穂竜

当歳魚の部

琉金の部1位　加藤ちか子

出目金の部1位　小田義隆

キャリコの部1位　櫻澤　健

当歳魚の部

和金の部１位　片山洋志

朱文金の部１位　目黒尚介
海南こどもの国所長賞

コメットの部１位　今堀　健

オランダシシガシラの部１位　大森雄太
愛知県議会議長賞

東錦の部１位　増谷　悟
弥富市長賞

土佐金の部１位　近藤　洋
津島市長賞

当歳魚の部

地金・六鱗の部1位　幸田文雄

頂天眼の部1位　今堀　健

江戸錦の部1位　藤井ウンベルト

浜錦の部1位　増谷久枝

丹頂の部1位　齋藤　優
日本観賞魚振興事業協同組合理事長賞

花房の部1位　山本　謙
愛知県知事賞

二〇一六年
全国品評
大会総覧

静岡県金魚品評大会

第46回静岡県金魚品評大会　2016年9月18日

撮影／野中光夫

農林水産大臣賞
親魚総合優勝一席　オランダ　大井捷次

静岡県知事賞
当歳魚総合優勝一席　ランチュウ　袴田源一

浜松市長賞
親魚総合優勝二席　朱文金　藤井和洋

衆議院議員賞
当歳魚総合優勝二席　オランダ　村松正夫

開催場所は浜松市フラワーパークである。生憎の雨模様であったが、大勢の来場者で賑わっていた

衆議院議員賞
親魚三席　東錦　藤井和洋

県議会議員賞
親魚四席　地金　前田　通

浜松市議会議長賞
親魚五席　その他　八田利也

（財）浜松市花みどり振興財団賞
親魚六席　琉金　河合勝之

県議会議長賞
当歳魚三席　蝶尾　大森雄太

県議会議員賞
当歳魚四席　その他長　荒内輝義

日本観賞魚振興事業協同組合賞
当歳魚五席　浜錦・パール　古川幸一

（財）浜松市花みどり振興財団賞
当歳魚六席　地金（六鱗）　川村卓矢

二〇一六年
全国品評
大会総覧

中部土佐錦普及会

第16回品評会　2016年10月16日

撮影／中部土佐錦普及会

❖親魚の部

優勝／河邉改治

準優勝／森田正男

三席／谷口力延

四席／石塚卓秀

五席／森　禎治

六席／森田正男

❖弐歳魚の部

優勝／松岡憲正

準優勝／河邉高弘

三席／森　禎治

四席／河邉改治

五席／森島康雄

六席／森田正男

❖当歳魚の部

優勝／森田正男

準優勝／森田正男

三席／薄井章浩

四席／松岡憲正

五席／河邉高弘

六席／井坂哲也

二〇一六年
全国品評
大会総覧

東京土佐錦保存会

第四十一回品評大会　2016年10月23日

撮影／東京土佐錦保存会

❖当歳魚・大の部

東大関／玉野叔弘

西大関／玉野叔弘

東張出大関／玉野叔弘

西張出大関／玉野叔弘

東関脇／村上智士

❖当歳魚・小の部

東大関／玉野叔弘

西大関／玉野叔弘

東張出大関／玉野叔弘

西張出大関／玉野叔弘

東関脇／中冨一文

西関脇／中冨一文

❖親魚の部

東大関／玉野叔弘

西大関／玉野叔弘

東張出大関／玉野叔弘

西張出大関／玉野叔弘

東関脇／中冨一文

西関脇／村上智士

❖二歳魚の部

東大関／玉野叔弘

西大関／玉野叔弘

東張出大関／玉野叔弘

西張出大関／玉野叔弘

東関脇／村上智士

西関脇／中冨一文

二〇一六年
全国品評
大会総覧

西日本土佐錦魚保存会

第11回品評会　2016年10月6日

撮影／西日本土佐錦魚保存会

❖親魚の部

優勝／細木土佐男　高知

準優勝／才上　誠　広島

三位／倉西三明　広島

四位／有末求志　広島

五位／織田 稔　広島

六位／細木土佐男　高知

❖弐歳魚の部

優勝／有末求志　広島

準優勝／有末求志　広島

三位／山本　進　岡山

四位／葛目雅也　高知

五位／才上　誠　広島

六位／細木土佐男　高知

❖当歳魚の部

優勝／多田 隆　香川

準優勝／細木土佐男　高知

三位／坂本篤則　高知

四位／有末求志　広島

五位／財前幹雄　広島

六位／葛目雅也　高知

二〇一七年
全国品評
大会総覧

愛媛土佐錦魚保存会

第16回品評大会　2017年9月23日

撮影／矢野勝男

❖親魚の部

優勝／山内孝明

準優勝／平尾信孝

3位／平尾信孝

4位／平尾信孝

5位／平尾信孝

❖二歳魚の部

優勝／矢野清繁

準優勝／平尾信孝

3位／矢野清繁

4位／矢野清繁

5位／矢野清繁

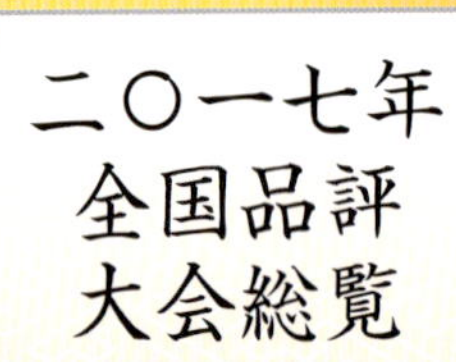

❖当歳魚の部

当歳魚（とうさいぎょ）大の部

優勝／矢野清繁

準優勝／森　信彦

3位／平尾信孝

4位／平尾信孝

5位／山内孝明

当歳魚（とうさいぎょ）中の部

優勝／矢野清繁

準優勝／平尾信孝

3位／平尾信孝

4位／山内孝明

5位／森　信彦

当歳魚（とうさいぎょ）小の部

優勝／中野正弘

準優勝／平尾信孝

3位／中野正弘

4位／山内孝明

5位／三村広彦

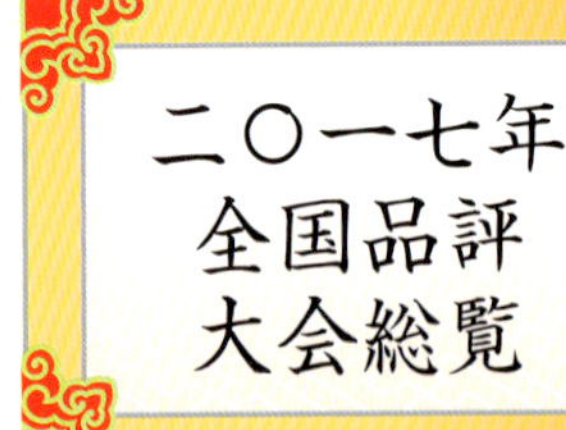

日本土佐錦魚保存協会

第三十回記念秋季大会　2017年10月15日

撮影／矢野勝男

❖親魚の部

優勝／久竹日出男

準優勝／河本隆行

3位／梅原幸誠

4位／平尾信孝

5位／森　信彦

❖二歳魚の部

優勝／三村広彦

準優勝／矢野清繁

3位／山内孝明

4位／矢野清繁

5位／河本隆行

❖ 当歳魚の部

当歳魚（とうさいぎょ）大の部

優勝／平尾信孝

準優勝／竹山　一

3位／竹山　一

4位／矢野清繁

5位／森　信彦

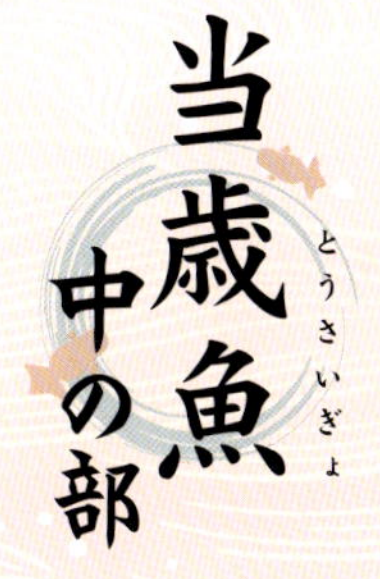

優勝／平尾信孝

準優勝／平尾信孝

3位／竹山　一

4位／矢野清繁

5位／平尾信孝

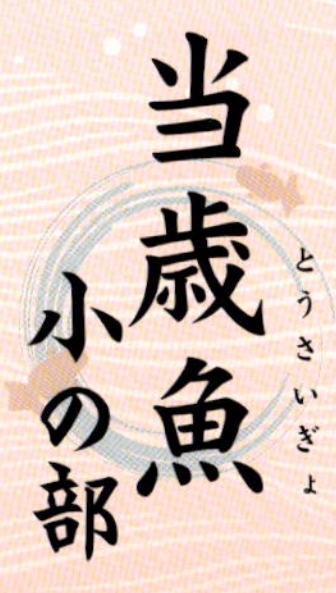

優勝／安中博臣

準優勝／平賀隆彦

3位／安中博臣

4位／安中博臣

5位／安中博臣

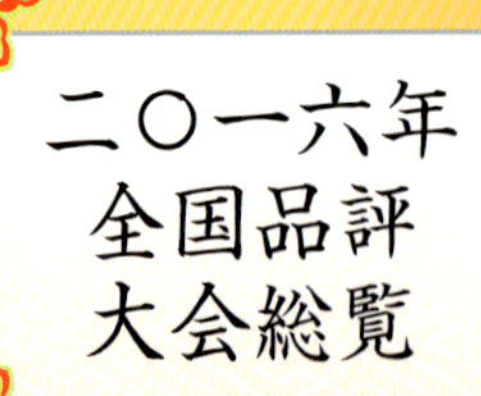

若葉会

第11回若葉会秋季発表会　2016年10月8日

撮影／若葉会

❖地金・親魚の部

地金親魚の部　優等獲得者

東大関／村井道夫

西大関／村井千治

立行司／伴野文隆

東取締／村井道夫

西取締／伴野文隆

❖地金・当歳魚の部

地金当歳魚の部　優等獲得者

東大関／村井千治

西大関／伴野文隆

立行司／伴野文隆

東取締／村井千治

西取締／村井道夫

❖土佐錦魚・親魚の部

東大関／中神　敏

西大関／中神　敏

土佐錦魚親魚の部　優等獲得者

立行司／原　輝雄

東取締／原　輝雄

❖土佐錦魚・当歳魚の部

土佐錦魚当歳魚の部　優等獲得者

東大関／中神　敏

西大関／原　輝雄

立行司／中神　敏

東取締／長幡末男

西取締／金　成年

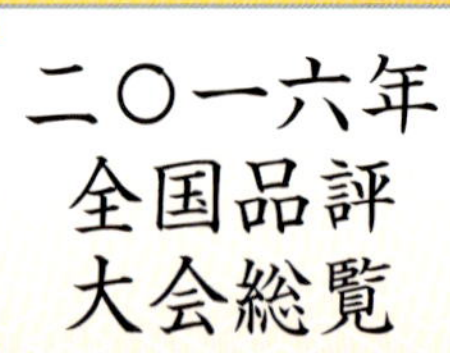

中日本トサキン愛好会

第10回中日本トサキン品評大会　2016年10月9日　撮影／向坂武義

❖親魚の部

優勝／片川慎一

準優勝／片川慎一

三席／新井康之

四席／大木康之

五席／大澤　孝

❖弐歳魚の部

優勝／新井康之

準優勝／近藤　洋

三席／片川慎一

四席／片川慎一

五席／山崎幸蔵

❖当歳魚の部

当歳魚
とうさいぎょ

優勝／近藤　洋

準優勝／大木康進

三席／大木康進

四席／近藤　洋

五席／新井康之

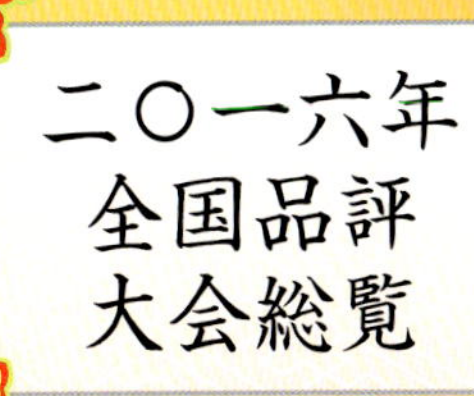

中部なんきん愛好会

第22回中部なんきん愛好会品評大会　2016年11月13日　撮影／向坂武義

❖親魚の部

優勝／大木康進

準優勝／皿井重典

三席／渡辺和則

四席／綱木秀典

五席／竹内文義

❖弐歳魚の部

優勝／竹内文義

準優勝／綱木秀典

三席／渡辺重典

四席／大澤　孝

五席／皿井重典

❖当歳魚の部

当歳魚
とうさいぎょ

優勝／皿井重典

準優勝／渡辺和則

三席／竹内文義

四席／大木康進

五席／大木康進

二〇一六年
全国品評
大会総覧

四つ尾の地金保存会

平成 28 年度　四つ尾の地金保存会　特別優秀魚指定審査会　2016 年 10 月 30 日

撮影／丹羽隆治

親魚の部

❖特別優秀魚

一席／塩田与市　福島

二席／山本剛史　蒲郡

三席／都築武生　刈谷

四席／伴野文隆　岡崎

五席／福井利夫　豊橋

❖優秀魚

六席／福井利夫　豊橋

七席／塩田与市　福島

八席／丹羽隆治　岡崎

九席／杉浦信政　西尾

十席／伴野文隆　岡崎

十一席／山本紅玉　蒲郡

弐歳魚の部

❖特別優秀魚

一席／福井利夫　豊橋

二席／杉浦信政　西尾

三席／山本剛史　蒲郡

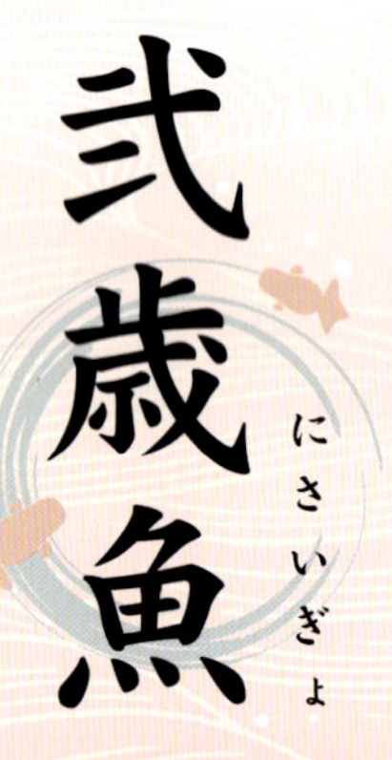

四席／塩田与市　福島

五席／都築武生　刈谷

❖優秀魚

六席／山本紅玉　蒲郡

七席／山本剛史　蒲郡

八席／山本紅玉　蒲郡

九席／丹羽隆治　岡崎

十席／前田　通　名古屋

十一席／太田好明　岡崎

当歳魚の部

❖特別優秀魚

一席／伴野文隆　岡崎

二席／伴野弘明　西尾

三席／伴野文隆　岡崎

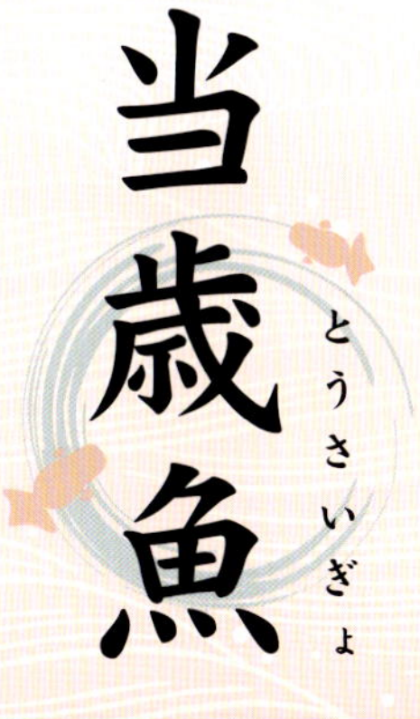

四席／伴野弘明　西尾

五席／藤井　務　常滑

❖優秀魚

六席／伴野文隆　岡崎

七席／太田好明　岡崎

八席／小林公一　岡崎

九席／杉浦信政　西尾

十席／都築武生　刈谷

十一席／前田　通　名古屋

二〇一六年
全国品評
大会総覧

金魚文化連合会・日本六鱗保存会

第84回金魚文化連合会秋季大会　2016年10月16日　撮影／日本六鱗保存会

❖親魚の部

東大関／前田　通　名古屋市

西大関／林　和義　春日井市

立行司／有賀昌司　八百津

取締一／波多野　誠　春日井市

取締二／林　和義　春日井市

❖当歳魚の部

当歳魚
とうさいぎょ

東大関／有賀昌司　八百津

西大関／波多野　誠　春日井市

立行司／前田　通　名古屋市

取締一／林　和義　春日井市

取締二／波多野　誠　春日井市

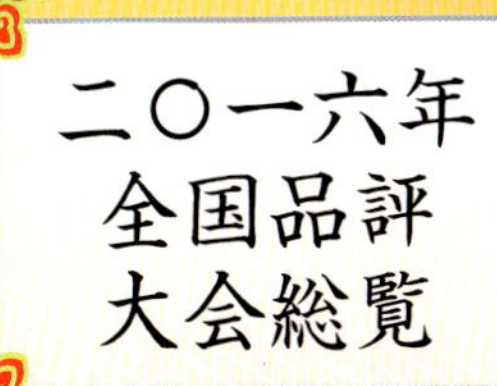

千葉東錦鑑賞会

平成28年品評大会　2016年10月30日　　撮影／千葉東錦鑑賞会

❖親魚の部

一席／柏桜　松元驥一　柏市

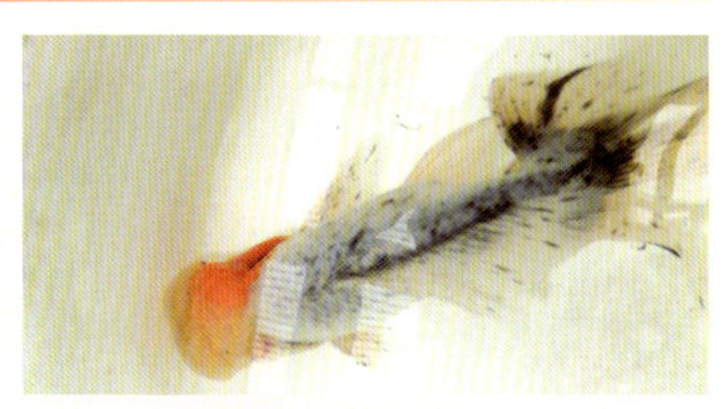
二席／柏松　松元驥一　柏市

三席／射光　保延裕平　富里市

四席／八街錦　早川昌男　八街市

❖弐歳魚の部

一席／彩姫　舘形茂夫　千葉市

二席／柏桜　松元驥一　柏市

三席／柏松　松元驥一　柏市

四席／彩菊　舘形茂夫　柏市

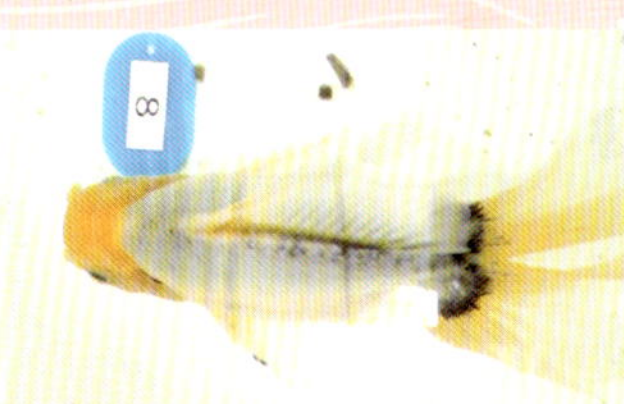
五席／晴天　保延裕平　富里市

❖当歳魚の部

当歳魚

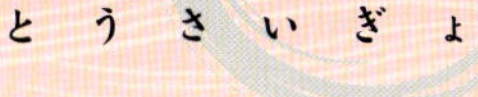

一席／彩王　舘形茂夫　千葉市

二席／彩桜　舘形茂夫　千葉市

三席／青風　井ノ口真誉　横浜市

四席／柏桜　松元驥一　柏市

五席／柏松　松元驥一　柏市

二〇一六年
全国品評
大会総覧

土浦愛魚会

第38回品評大会　2016年10月23日

撮影／店網秀男

❖親魚の部

東大関／桔梗　中根俊彦

西大関／一成　柏渕　忠

立行司／優奈　石井正則

取締／柏吉　大沢晋平

関脇／花梨　中根俊彦

❖弐歳魚の部

東大関／花椿　中根俊彦

西大関／快成　柏渕　忠

立行司／あいり　柏渕　忠

取締／春　柏渕　忠

関脇／正　石井正則

❖当歳魚の部

当歳魚
とうさいぎょ

東大関／花霞　柏渕　忠

西大関／優奈　石井正則

立行司／土浦花　柏渕　忠

取締／柏吉　大沢晋平

関脇／永瀬和幸

二〇一七年
全国品評
大会総覧

横浜観魚会

第107回横浜観魚会品評大会　2017年9月24日

撮影／森　文俊、東山泰之

出品風景。会場に来られない方は宅配便にて参加されもする

審査前。それぞれの控え池に人が集まり、東錦談義に花が咲く

出品魚収容池。当歳魚は鮮やかな関東アズマらしい色合いを輝かせていた

屋根付きの会場だが、東錦の場所には陽が当たるので、より美しい

❖親魚の部

親魚
おやうお

東大関／田村　智

西大関／高瀬有三

立行司／矢作雄一

取締一／川本智祥

取締二／矢作雄一

❖弐歳魚の部

弐歳魚
にさいぎょ

東大関／安藤　寛

西大関／中澤俊男

立行司／安田英一

取締一／森　寛登

取締二／森　寛登

当歳魚の部

❖優等賞

東大関／高瀬有三

西大関／安田英一

立行司／矢作雄一

取締一／井ノ口真誉

取締二／高瀬有三

❖一等賞

東関脇／川本智祥

西関脇／高瀬有三

東小結／松下哲也

西小結／鳴海　満

勧進元一／間中　勝

勧進元二／井ノ口真誉

❖二等賞

行司一／柿沼恭子

行司二／柿沼恭子

行司三／間中　勝

脇行司一／柿沼恭子

脇行司二／柏渕　忠

二〇一六年
全国品評
大会総覧

オランダ獅子頭遊魚会

第一回品評大会　2017年10月8日

撮影／石丸　浩

❖二歳魚の部

東大関／成毛一雄

西大関／澤野龍之

立行司／成毛一雄

取締一／矢作雄一

取締二／成毛一雄

当歳魚の部

東大関／竹居　正成

西大関／石丸　浩

立行司／押樋良司

取締一／成毛一雄

取締二／石丸　浩

東関脇／栗原雅也

西関脇／勢井一郎

東小結／澤野龍之

西小結／成毛一雄

東勧進元／井ノ口真誉

西勧進元／栗原雅也

行司一／照沼　茂

行司二／栗原雅也

行司三／大森雄太

脇行司一／澤野龍之

脇行司二／大森雄太

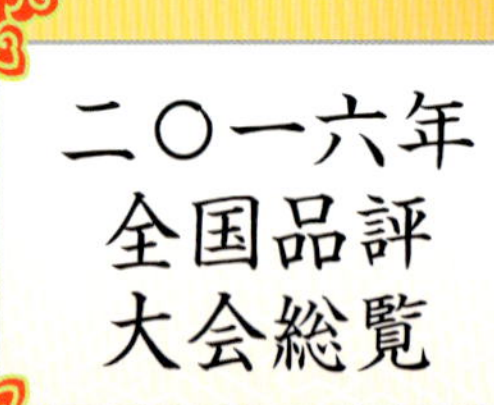

関東彩鱗会

第4回品評大会　2016年11月6日

撮影／関東彩鱗会

❖江戸錦　当歳の部

当歳魚
とうさいぎょ

一席／春　松本裕司　南足柄市

二席／冬　松本裕司　南足柄市

三席／青　今井雄三　平塚市

四席／日光　今井雄三　平塚市

五席／ベル　藤井ウンベルト　袋井市

❖関東東錦　親魚の部

一席／紫苑　中根俊彦　横浜市

二席／桔梗　中根俊彦　横浜市

三席／花梨　中根俊彦　横浜市

❖関東東錦　二歳魚の部

一席／花椿　中根俊彦　横浜市

二席／モコ　森　寛登　茅ヶ崎市

三席／都忘　中根俊彦　横浜市

四席／迷迭香　中根俊彦　横浜市

五席／小栗　井ノ口真誉　横浜市

❖関東東錦　当歳魚の部

当歳魚
とうさいぎょ

一席／紫陽花　中根俊彦　横浜市

二席／松本　松本裕司　南足柄市

三席／花海棠　中根俊彦　横浜市

四席／撫子　中根俊彦　横浜市

五席／夏　松本裕司　南足柄市

浜松和蘭倶楽部

第９回品評大会　2016年10月26日

撮影／浜松和蘭倶楽部

❖オランダ 親魚の部

親魚 おやうお

東大関／大森雄太

西大関／関原　宏

立行司／梶山喜久

東取締／藤井和洋

西取締／関原　宏

弐歳魚の部

東大関／大森雄太

西大関／村松正夫

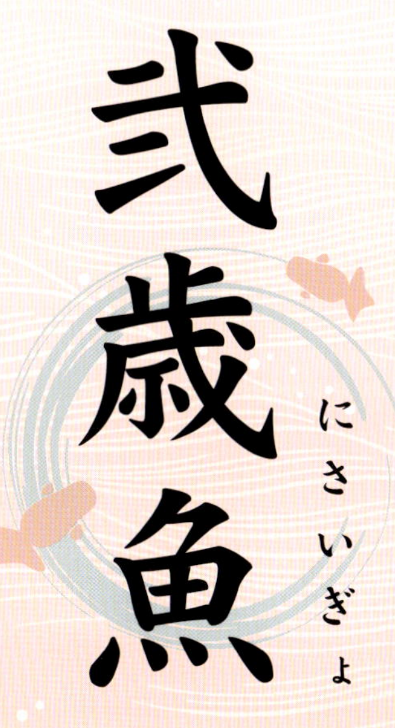

立行司／杉保　潔

東取締／関原　宏

西取締／大森雄太

❖オランダ 当歳魚の部

当歳魚（とうさいぎょ）

東大関／杉保　潔

西大関／村松正夫

立行司／袴田源一

東取締／梶山喜久

西取締／増谷　悟

❖東錦　親魚の部

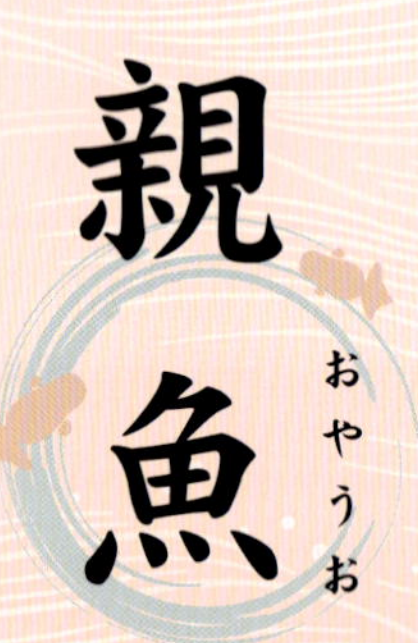

東大関／梶山喜久

西大関／二橋祐介

立行司／村松正夫

東取締／二橋祐介

西取締／大森雄太

❖東錦　弐歳魚の部

東大関／梶山喜久

西大関／杉保　潔

立行司／増谷　悟

東取締／杉保　潔

西取締／杉保　潔

❖東錦　当歳魚の部

東大関／増田直人

西大関／増田直人

立行司／村松正夫

東取締／増谷　悟

西取締／増谷　悟

二〇一六年
全国品評
大会総覧

日本オランダ獅子頭愛好会

平成 28 年度全国品評大会　2016 年 11 月 20 日

撮影／一見和彦

❖親魚の部

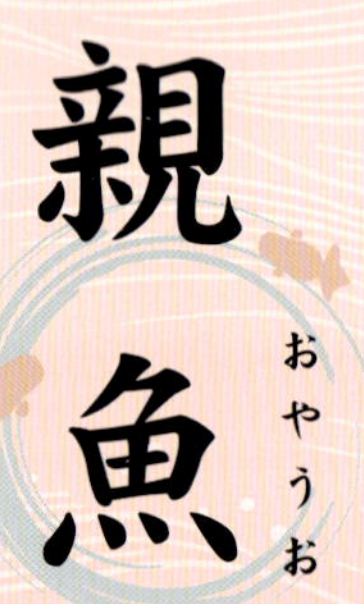

東大関／成重昭一　香川

西大関／森川正明　香川

立行司／森川正明　香川

取締一／成毛一雄　千葉

取締二／松本博和　香川

❖弐歳魚の部

東大関／押樋良司　千葉

西大関／竹居正成　香川

立行司／網本雅信　香川

取締一／網本雅信　香川

取締二／網本雅信　香川

❖当歳魚の部

当歳魚
とうさいぎょ

東大関／成重昭一　香川

西大関／勢井一郎　徳島

立行司／網本雅信　香川

取締一／勢井一郎　徳島

取締二／大森雄太　神奈川

二〇一六年
全国品評
大会総覧

徳島愛錦会

第71回徳島愛錦会秋季品評会　2016年9月4日

撮影／徳島愛錦会

❖当歳魚の部

東大関／勢井一郎　徳島

西大関／勢井一郎　徳島

立行司／勢井一郎　徳島

東取締／勢井一郎　徳島

西取締／網本雅信　香川

親魚の部

東大関／網本雅信　香川

西大関／網本雅信　香川

立行司／松本博和　香川

東取締／矢本貞雄　徳島

西取締／網本雅信　香川

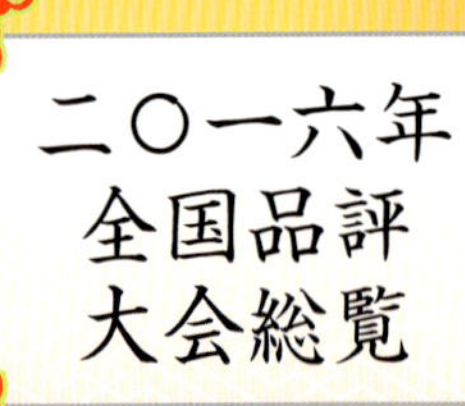

香川尚錦会

平成28年金魚品評大会　2016年10月16日　　撮影／香川尚錦会

❖親魚の部

東大関／上原邦昭

西大関／上原邦昭

立行司／上原邦昭

取締一／上原邦昭

取締二／上原邦昭

❖弐歳魚の部

東大関／上原邦昭

西大関／上原邦昭

立行司／上田　寛

取締一／矢本貞雄

取締二／上原邦昭

❖当歳魚の部

当歳魚
とうさいぎょ

東大関／矢本貞雄

西大関／矢本貞雄

立行司／上原邦昭

取締一／上原邦昭

取締二／上原邦昭

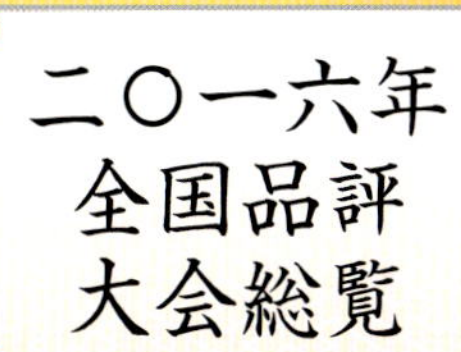

中部オランダ愛魚会

第20回中部オランダ愛魚会主催品評大会　2016年11月6日　撮影／向坂武義

❖親魚の部

優勝／川合幸男

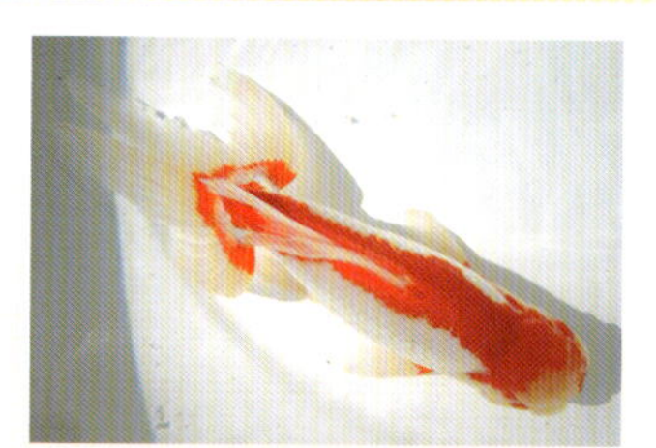
準優勝／伊藤克彦

三席／伊藤克彦

四席／原　智司

五席／深尾保善

❖弐歳魚の部

優勝／伊藤克彦

準優勝／向坂武義

三席／向坂武義

四席／向坂武義

五席／川合幸男

❖当歳魚の部

当歳魚
とうさいぎょ

優勝／伊藤克彦

準優勝／向坂武義

三席／伊藤克彦

四席／大森雄太

五席／伊藤克彦

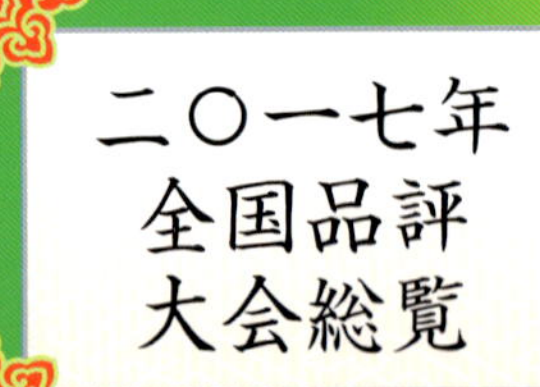

長洲町金魚品評会

第49回長洲町金魚品評大会　2017年10月22日

撮影／森　文俊

熊本県知事賞
オランダ　納冨靖人　佐賀県

熊本県議会議長賞
東錦　親魚　柴田功治　福岡県

日本観賞魚振興事業協同組合賞
らんちゅう　当歳魚　那須広之　熊本県

長洲町養魚組合賞
桜錦　親魚　水町勝之　福岡県

長洲町町長賞
琉金　当歳魚　島崎龍治　長洲町

長洲町議会議長賞
らんちゅう　親魚　松田　正　福岡県

長洲町商工会会長賞
蝶尾　親魚　鷹取正幸　福岡県

長洲町観光協会賞
ジャンボ　親魚　荒木淳子　長崎県

特別賞（興亜建設工業株式会社）
ジャンボ　当歳　柳崎晃徳　長崎県

琉金・桜琉金・キャリコ琉金の部
親魚　一席　河野進一　宮崎県

オランダシシガシラ、黒オランダの部
親魚　二席　高松洋平　福岡県

出目金・蝶尾の部
親魚　二席　大城　淳　福岡県

東錦・桜アズマの部
親魚　二席　高松洋平　福岡県

丹頂の部
親魚　一席　鷹取正幸　福岡県

琉金・桜琉金・キャリコ琉金の部
当歳魚　二席　島崎龍治　熊本県

オランダシシガシラ、黒オランダの部
当歳魚　一席　田中孝一　福岡県

出目金・蝶尾の部
当歳魚　一席　田尻耕一　熊本県

東錦・桜アズマの部
当歳魚　一席　川上恭輔　熊本県

丹頂の部
当歳魚　一席　寺本養魚場　長崎県

江戸錦・桜錦、黒らんちゅうの部
親魚　二席　納畠靖人　佐賀県

江戸錦・桜錦、黒らんちゅうの部
当歳魚　一席　徳渕一紀　佐賀県

水泡眼・頂天眼の部
親魚　一席　兵谷有利　熊本県

水泡眼・頂天眼の部
親魚　二席　横内久美　佐賀県　　※当歳魚出品なし

土佐金・地金・六鱗の部
親魚　一席　浦田智和　熊本県

土佐金・地金・六鱗の部
当歳魚　一席　松永秀隆　長崎県

その他、変わりものの部（長物）
親魚　一席　山下博文　福岡県

その他、変わりものの部（長物）
親魚　二席　馬見塚　務　福岡県　　※当歳魚出品なし

その他、変わりものの部（丸物）
当歳魚　一席　中島柊風　熊本県

その他、変わりものの部（丸物）
当歳魚　一席　誌暢　福岡県

❖親魚・弐歳魚の部

一席／松田　正　福岡県

二席／本山謙吉　熊本県

三席／奥園隆広　福岡県

四席／松永秀隆　長崎県

五席／塩田照続　熊本県

❖当歳魚の部

一席／那須広之　熊本県

二席／水町勝之　福岡県

三席／吉村　勇　熊本県

四席／吉村　勇　熊本県

五席／那須広之　熊本県

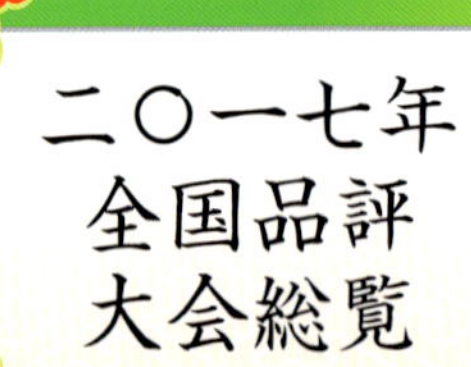

長洲町金魚品評会
ジャンボシシガシラ・アズマジャンボシシガシラ

第49回長洲町金魚品評大会　2017年10月22日

❖二歳魚以上　30cm以上の部

一席　中島英喜　熊本県

二席　久場良悟　熊本県

三席　久場良悟　熊本県

四席　中島英喜　熊本県

五席　中村龍二　福岡県

❖二歳魚以上　30cm以下の部

一席　荒木淳子　長崎県

二席　納畠靖人　佐賀県

三席　中島英喜　熊本県

四席　本多佑成　長崎県

五席　中島英喜　熊本県

❖当歳魚の部

一席　柳崎晃徳　長崎県

二席　柳崎晃徳　長崎県

三席　柳崎晃徳　長崎県

四席　柳崎晃徳　長崎県

五席　本多佑成　長崎県

六席　中島英喜　熊本県

七席　中島英喜　熊本県

八席　三浦聖央　佐賀県

九席　徳永久志　熊本県

十席　徳永久志　熊本県

二〇一六年
全国品評
大会総覧

穂竜愛好会

第10回　品評大会　2016年10月15日

撮影／稲岡秀隆

開会式の後、大石神社神主様によるご祈祷を行った

穂竜審査風景

変わり竜審査風景

赤穂城跡　武家屋敷公園で開催されている

❖親魚の部

優勝／谷岡祥史　大阪

準優勝／内匠信孝　姫路

三位／曽和　泉　京都

四位／廣瀬正義　姫路

五位／稲岡秀隆　大阪

六位／村上真順　赤穂

❖当歳魚の部

優勝／谷岡祥史　大阪

準優勝／當麻暢久　京都

三位／皿井芳枝　愛知

四位／當麻暢久　京都

五位／皿井重典　愛知

六位／皿井芳枝　愛知

❖ 当歳魚二部

優勝／宗行寛明　姫路

準優勝／堤　裕子　岡山

三位／加藤孝司　愛知

四位／西村左知子　京都

五位／西村左知子　京都

六位／宗行寛明　姫路

❖ 変わり竜の部

優勝／冨田　隆　岡山

準優勝／堤　裕子　岡山

三位／宗行寛明　姫路

四位／廣瀬正義　姫路

五位／冨田　隆　岡山

六位／宗行寛明　姫路

二〇一六年
全国品評
大会総覧

大阪らんちゅう愛好会

第11回大阪らんちゅう愛好会品評会　2016年11月13日　撮影／向坂武義

❖親魚の部

優勝／尾園　暁

準優勝／尾園　暁

三席／松島　悟

四席／渡辺和則

五席／仲　幹雄

❖弐歳魚の部

優勝／尾園　暁

準優勝／尾園　暁

三席／尾園　暁

四席／松島　悟

五席／渡辺和則

❖当歳魚の部

当歳魚
とうさいぎょ

優勝／尾園　暁

準優勝／高橋嘉明

三席／仲　幹雄

四席／佐嶌　淳

五席／向坂武義

著者紹介

■撮影・執筆■

森　文俊 *(Fumitoshi Mori)*
岡山県生まれ。日本大学農獣医学部水産学科卒業。日本産淡水魚、帰化生物、熱帯魚など魚類全般の撮影を主とするフリーの写真家。魚類の繁殖生態、遺伝に特に興味があり、金魚は関東型の東錦、各地の地金魚、蝶尾などに強い興味を持つ。らんちゅうも趣味程度に飼育する。1999年から金魚の撮影を開始する。『金魚伝承』では企画、編集、取材、撮影を担当し、出版を実現させる。創刊号から第33号までに訪ね歩いた金魚愛好家の数は600人を超える。日本全国だけでなく、2004年から中国へ金魚の取材を開始、天津、北京から上海、福州、広州まで、中国各地の現地取材を行っている。魚類を中心に多数の著書があり、特に金魚関係の著書には『らんちゅうと金魚の楽しみ方』、『金魚伝承別冊　日本金魚大鑑（共著）』、『金魚伝承別冊 中国金魚大鑑（共著）』、『プロファイル100別冊 ピンポンパール』、『金魚百華』（ピーシーズ）などがある。

東山泰之 *(Yasuyuki Toyama)*
神奈川県生まれ。専門学校卒業を経て、出版社、フォトエージェンシー勤務の傍ら、1991年より熱帯魚の撮影を始める。2000年に（株）ピーシーズに入社する。撮影、執筆を担当し、海外取材も行う。ピーシーズの代表作『熱帯魚・水草3000種図鑑』を編集する。2002年より金魚品評会の撮影も開始し、第5号より愛好家訪問も担当する。第50回大会より日本らんちう協会全国品評大会の撮影も担当。2012年よりらんちゅう飼育を開始、横浜観魚会に入会する。著書に『熱帯魚のやさしい飼い方（主婦と生活社）』、『手に取るようにわかる熱帯魚の飼い方（ピーシーズ）』、『密林の宝石ヤドクガエル（共著・ピーシーズ）』、『集めて、眺めて、殖やして楽しむ多肉植物BOOK（ピーシーズ）』などがある。

佐藤昭広 *(Akihiro Sato)*
愛知県生まれ。（株）清水金魚勤務を経て、（株）水作勤務。2001年より（株）ピーシーズに入社。興味の対象はグッピー、らんちゅうを主体とする金魚全般を始め、全体の魚種を通じて遺伝の仕組みについてで、『金魚伝承』の制作には創刊号から携わっている。『プロファイル100　金魚の楽しみ方（ピーシーズ）』、『金魚の飼い方、育て方（主婦の友社）』、『金魚80品種カタログ（動物出版）』の制作、執筆、撮影を担当。らんちゅう、アルビノ金魚の知識は特に豊富。現在は（株）スドー本社勤務。

広告インデックス

Publisher & Chief Editor
森　文俊

Editor
東山泰之

Co-operator
下山真貴子

金魚伝承三十三号
2018年2月10日発行
発行所／株式会社ピーシーズ
〒221-0802
神奈川県横浜市神奈川区六角橋3-19-9
TEL.045-491-2324
FAX.045-491-2376

有限会社ベルプラン
〒584-0071
大阪府富田林市藤沢台3丁目5-21
TEL.0721-26-7565
FAX.0721-26-7566

印刷／皇城広告印刷

Kingyo Densho vol.33
Published by
PISCES Publishers Co.,Ltd.
3-19-9 Rokkakubashi, Kanagawa-ku
Yokohama-City 221-0802
Kanagawa Pref. JAPAN